马克思主义简明读本

解读《我的马克思主义观》

丛书主编：韩喜平
本书著者：李艳菊

编委会：韩喜平　邵彦敏　吴宏政
　　　　王为全　罗克全　张中国
　　　　王　颖　石　英　里光年

吉林出版集团股份有限公司
全国百佳图书出版单位

图书在版编目（CIP）数据

解读《我的马克思主义观》/ 李艳菊著. -- 长春：吉林出版集团股份有限公司，2013.9（2024.6重印）
（马克思主义简明读本）
ISBN 978-7-5534-2634-1

Ⅰ.①解… Ⅱ.①李… Ⅲ.①马克思主义－发展－中国－通俗读物 Ⅳ.①A81-49②D61-49

中国版本图书馆CIP数据核字(2013)第174146号

JIEDU WO DE MAKESI ZHUYI GUAN

解读《我的马克思主义观》

丛书主编	韩喜平
本书著者	李艳菊
责任编辑	王　斌
装帧设计	李　亮

出　　版	吉林出版集团股份有限公司
发　　行	吉林出版集团社科图书有限公司
地　　址	吉林省长春市南关区福祉大路5788号　邮编：130118
印　　刷	北京一鑫印务有限责任公司
电　　话	0431-81629711（总编办）
抖 音 号	吉林出版集团社科图书有限公司　37009026326

开　　本	710 mm×1000 mm　1 / 16
印　　张	12
字　　数	100千
版　　次	2013年9月第1版
印　　次	2024年6月第4次印刷

书　　号	ISBN 978-7-5534-2634-1
定　　价	36.00元

如有印装质量问题，请与市场营销中心联系调换。0431-81629729

序　言

习近平总书记指出,"青年最富有朝气、最富有梦想""青年兴则国家兴,青年强则国家强""中国梦是我们的,更是你们青年一代的。中华民族伟大复兴终将在广大青年的接力奋斗中变为现实"。

要提高青年人的理论素养。理论是科学化、系统化、观念化的复杂知识体系,也是认识问题、分析问题、解决问题的思想方法和工作方法。青年正处于世界观、方法论形成的关键时期,特别是在知识爆炸、文化快餐消费盛行的今天,如果能够静下心来学习一点理论知识,对于提高他们分析问题、辨别是非的能力有着很大的帮助。

要提高青年人的政治理论素养。青年是祖国的未来,是社会主义的建设者和接班人。要建立青年人对中国特色社会主义的道路自信、理论自信、制度自信、文化自信,就必须要对他们进行马克思主义理论教育,特别是中国特色社会主义理论体系教育。

要提高青年人的创新能力。创新是推动民族进步和社会发展的不竭动力,培养青年人的创新能力是全社会的重要职责。但创新从来都是继承与发展的统一,它需要知识的积淀,需要理论素养的提升。马克思主义理论是人类社会最为重大的理论创新,系统地学习马克思主义理论有助于青年人创新能力的提升。

要培养青年人的远大志向。"一个民族只有拥有那些关注天空的人,这个民族才有希望。如果一个民族只是关心眼下脚下的事情,这个民族是没有未来的。"马克思主义是关注人类自由与解放的理论,是胸怀世界、关注人类的理论,青年人志存高远,奋发有为,应该学会用马克思主义理论武装自己,胸怀世界,关注人类。

正是基于以上几点考虑,我们编写了这套"马克思主义简明读本"系列丛书,以便更全面地展示马克思主义理论基础知识。希望青年朋友们通过学习,能够切实收到成效。

韩喜平

目　　录

引　言 / 001

第一章　《我的马克思主义观》成文的时代背景 / 004

第一节　一战对中国社会的影响 / 005

第二节　新文化运动开启了古老中国思想文化的变革 / 023

第三节　五四运动彰显中国社会的新变化 / 034

第四节　十月革命给中国送来了马克思主义 / 043

第二章　《我的马克思主义观》的思想渊源 / 060

第一节　爱国主义是《我的马克思主义观》的思想源头 / 061

第二节　民主主义是《我的马克思主义观》的思想启迪 / 073

第三节　十月革命的实践是《我的马克思主义观》的

　　　　思想催化剂 / 084

第三章 《我的马克思主义观》的主要观点 / 095

第一节 马克思主义的政治经济学是一个完整的系统 / 096

第二节 唯物史观是历史观的根本变革 / 107

第三节 阶级斗争是改造社会组织的手段 / 113

第四章 《我的马克思主义观》的历史价值 / 119

第一节 马克思主义成为五四时期社会思潮的主流 / 120

第二节 马克思主义在中国的传播的先导 / 130

第三节 《我的马克思主义观》与中国共产党的成立 / 139

第五章 《我的马克思主义观》的时代意义 / 146

第一节 全面科学地认识马克思主义 / 147

第二节 有效地抵制形形色色的非马克思主义思潮 / 163

第三节 开始马克思主义中国化的研究 / 177

引 言

90多年前,伟大的马克思主义者、中国共产党的创始人之一李大钊以一篇雄文《我的马克思主义观》表明了自己完成了从民主主义者向马克思主义者的转变,开始了马克思主义中国化的最初一步,也向全世界昭示了灾难深重的中华民族已经举起了马克思主义的旗帜,找到了一条民族独立、国家富强的正确道路,给中国社会未来的发展指明了方向。

《我的马克思主义观》是比较系统地介绍和分析马克思学说的开山之作。李大钊对马克思主义理论体系的这些精辟概括,是在中国人的著作中对马克思主义所作的第一次较为系统和较为完整的介绍,体现了李大钊在政治上的高瞻远瞩和远见卓识,对于马克思主义在中国的传播、促进中国人民的觉醒、推动中国革命的发展和社会的进步,具有极其重要的意义。

在中国,正因为有了马克思主义真理,漆黑的夜里才有一丝光亮；有了马克思主义真理，无论多困难，人们都不会灰心丧气，不会悲观失望，眼前的世界不过是黎明前的黑暗，共产主义世界尽管遥远，但对于整个人类来说，决不应该放弃。马克思主义理论如同漆黑夜里光芒四射的引路灯，注定成为我们毕生追随的真理。

和马克思主义对中国的影响以及我们对马克思主义的认识深度相同步，我们曾经因为李大钊以一个学者的严谨认真对马克思的学说提出的质疑而看淡了这篇雄文的真正价值，尽管这篇两万六千余字的雄文向我们深刻解读了唯物史观、阶级竞争、余工余值说。但是，经过近一个世纪的风云激荡，90多年的世事沧桑，这篇《我的马克思主义观》并没有因李大钊本人的英年早逝而淡出人们的视野，没有因科学社会主义理论的发展进步而失去意义，更没有因20世纪社会主义世界理论和实践的跌宕起伏而黯然失色。正如一百多年前马克思主义并没有因马克思本人的逝世而失去生命力一样，李大钊的《我的马克思主义观》也因其对马克思主义理论的合理深刻的解读以及其本身所具有的严谨科学的治学态度而感染激励后人。受制于当时的历史文化条件，李大钊所规范的唯物史观基本理论有些局限，这在所难免。李大钊在《我的马克思主义观》中开篇讲道，拼上半生的工夫来研究马克思，也不过仅能就他已刊的著书中，把他反复陈述的主张得个要领，就不能算是完全了解马克思主义的，他自己想谈马克思主义已经是僭越得很了。李大钊这种谦虚严谨的治学态度，对他深入研究运用马克思主义起着至关重要的作用。在追求高效率的当今社会，快餐文化泛滥成灾，学术造假层出不穷，而李大钊在追求真理的过程中表现出的这种严谨务实的科学态度、气势磅礴的探索真理的勇气和开创马克思主义中国化之先河的精神，是马克思主义发展史上的无穷财富，对于我们是永远有益的历史启示，为当代知识分子树立了一个光辉的榜样。

  时光荏苒，岁月如梭，但思想的轨迹却不是这样的，岁月悄然逝去了无痕迹，可思想的光辉却能拂去历史的尘沙而历久弥新！

第一章 《我的马克思主义观》成文的时代背景

成文于1919年9月至10月间的《我的马克思主义观》发表的时候，正值中国社会处在内忧外患、民不聊生的状态之中。第一次世界大战以协约国战胜同盟国而告终，这加重了中国社会的矛盾和危机。中国社会的一部分先进的知识分子开始谋求强国之道，思考中国该往何处去。俄国的十月革命的爆发开创了人类历史的新纪元，中国在内忧外患的压力下，民众开始觉醒，由此爆发了以学生为主并有工人阶级参加的五四运动，十月革命的爆发给中国送来了马克思主义，使得中国先进的知识分子开始接受马克思主义。

第一节　一战对中国社会的影响

　　19世纪末20世纪初，西方发达国家由自由竞争的资本主义进入到垄断资本主义即帝国主义阶段。由于帝国主义赖以生存和发展的重要基础是压迫和剥削殖民地、半殖民地的国家和人民，因此抢夺和划分殖民地成了帝国主义国家争斗的焦点。不过，由于帝国主义国家经济发展的不均衡，彼此经济实力的此消彼长，所以在这个时期各主要资本主义国家发生了激烈的利益冲突和矛盾。德国在19世纪末随着其经济实力的增强，意欲打败英国在欧洲的霸主地位并建立一个强大的德意志帝国，扩充领土；意大利意欲称霸地中海；奥匈帝国则是为了征服巴尔干，控制塞尔维亚，扩大其在东南欧的势力；而英国当然不能甘心自己在欧洲乃至世界失去霸主地位，必然要和德国进行殊死的争斗；俄国是为了建立一个统一的斯拉夫帝国，夺取土耳其等国，控制东亚，瓜分中国，并进而控制巴尔干；法国是为了夺回阿尔萨斯和洛林，打击德国，取得鲁尔区，进而在欧洲大陆建立霸权。第一次世界大战正是资本主义世界各种政治、经济矛盾极端尖锐化的产物。

这场帝国主义之间的残酷厮杀给人类带来了深重的灾难。一战从1914年8月开始到1918年11月结束，历时四年三个月，战火席卷欧、亚、非三大洲，参战国家地区达34个，受战祸波及的人口达15亿以上，约占当时世界人口总数的75%。双方动员的兵力达889个师，共计7400万人，共有840万人阵亡，另有2100万人受伤。可以说，一战给人类文明造成了非常严重的后果，但一战也教育了人民，削弱了帝国主义，在战争中诞生的苏维埃俄国及战后出现的世界无产阶级革命形势表明，作为历史进程的一战也在另一方面加速了社会的发展。

近代中国作为一个半殖民地半封建性质的国家，必然会受到各帝国主义之间矛盾冲突的影响。大战使欧洲一些帝国主义国家暂时放松了对中国的控制，同时又使日、美两个帝国主义国家加紧了对中国的侵略。因此，大战给中国社会造成了灾难，对中国的政治、经济、文化思潮均产生了一定的影响。

一、一战对中国社会的政治影响

第一次世界大战改变了帝国主义在华的势力格局，尤其是给了日本帝国主义以独霸中国的机会,同时,一战也是中国近代政治上乱象频出的重要原因。

战前各帝国主义共同侵华的均势与日本意欲谋取在华优势地位之间的矛盾相冲突,使得素有独霸中国意图的日本帝国主义极为不满。当1914年8月第一次世界大战爆发后,日本朝野好战分子都认为大战对日本国运的发展,乃大正新时代之天佑,是确立日本对东洋之利权,怀柔统一中国之人物,变中国为日本附属国的绝好时机。此期尚未赴华的新任驻华公使日置益叫嚷:怕他战不成,战则大妙。同时在日本以鼓吹侵略著称的黑龙会等组织,也把欧美势力因一战无暇顾及中国看作千载难逢的时机。

1914年10月29日,日本黑龙会会长内田良平秘密向日本政府提出了对华问题解决意见书,建议日本政府与袁世凯北洋政权缔结,一举变中国为日本附属国的国防协约。同年12月,日本政府正式确立了灭亡中国的"二十一条",并于1915年1月正式要求袁世凯政权予以承认,5月,袁世凯政权在日本帝国主义的最后通牒下签订了这一丧权辱国的条约。这是日本朝野反华侵华势力利用一战毫无顾忌地实施独吞中国的第一个举动。大战期间及其以后的几年里，日本对华所实施的野蛮侵略和暴力干涉，都是以这个"二十一条"为基点，是对"二十一条"的贯彻和延伸。

当然，这时候的英、法、俄、意等帝国主义也不愿意看到这种局面，但由于本身已陷入一战的漩涡当中，再无力去针对日本，因而为了保存自己侵华的既得利益，只能与日本相妥协、勾结，把中华民族的民族利益踏在脚下。一战初期，英、法、俄一度曾想拉拢袁世凯加入协约国对德宣战，但日本政府马上出面干涉，提出以后凡与中国有关的问题，必须先与日本磋商。英、法、俄只得将此议作罢。1916年7月，沙俄率先勾结日本签订《俄日协约》和《俄日第四次秘密协约》；1917年春，英、法、俄、意等国纷纷与日本订立密约，迎合讨好日本，出卖中国。

在这种情况下，整个一战期间，唯有美国是日本独霸中国的心腹大患。美国绝不甘心把中国这么一大块肥肉拱手让给日本，有心与日本在争夺中国的问题上一决雌雄，但是，此时美国既要关注欧洲大战大发军火财又要投身欧洲战火，显然力不从心。因此，在与日本的抗衡中，政治上有争夺也有结盟，而经济上则乘虚而入，渗透扩张。1917年11月在华盛顿与日本签订的《兰辛石井协定》则是美国政治上妥协日本，经济上抗衡和威胁日本的文证。一战期间帝国主义侵华格局的变动，表明以往他们所保持的侵华均势已被打破，日本已成为亚洲唯一强大的力量，可以不受或少受牵制地放手侵华。

与帝国主义侵华政策的变化相应，中国的政治也发生了很大的变化。主要表现在：

第一，复辟丑剧频出。1915年底和1917年夏，袁世凯、张勋先后上演了两幕复辟帝制的丑剧。从此开始了中国近代政坛的各种腐朽势力纷纷粉墨登场的闹剧。

第二，袁世凯死后，北洋集团的矛盾逐渐公开化、白热化，直到后来公开分化改组，裂变为直、皖、奉三系，他们初始是各怀心事、明争暗斗，后来则是兵戎相见，大动干戈。尤其是皖系军阀更是气势夺人，武力统一意图甚嚣尘上。1916年以后，段祺瑞执政，依仗其背后的日本主子的支持，一手遮天，目无余子，一意孤行地诉求武力统一中国。

第三，资产阶级革命派孙中山领导的资产阶级革命尽管推翻了清政权，但并没有如他们所愿，把西式的民主、共和观念引入中国，相反资产阶级民主革命屡起屡扑，渐入绝境。虽然他们积极地同袁世凯、段祺瑞的独裁卖国行为进行了坚持不懈的斗争，但革命仍然无所建树，甚至连反袁反段的领导地位也无从保住，每一次斗争都逃脱不了失败的结局。当然，这其中的原因对于奉行"以帝为师"的孙中山来说在当时是无法认清的。

中国政治变化的缘由，固然有中国社会内部的原因，但与各帝国主义国家也有直接的关系，中国的政治变化是各帝国主义国家战时分裂剥削政策的直接后果。一战期间各帝国主义侵华的均势逐渐为日本所打破，尤其是袁世凯死后，帝国主义失去了侵略中国的共同走狗，此时又没有一个强人继起，大权几乎毫无悬念地归于在中国倡导武力统一并且亲日的皖系军阀手中。这种局面是日本所希望的，但却是其他帝国主义国家所不愿意接受的。故此，各帝国主义国家为了各自在华的利益和势力范围，各寻走狗，利用这种方式看管自己的势力范围或达到自己所想要达到而一时又不能达到的目的。同时北洋军阀原本也是各派纷争，在总头子袁世凯死后，都需要另找靠山，军阀们本性上都有卖国媚外的特征，这在客观上保证了帝国主义分裂中国政策的实现。

在促成北洋军阀分化改组方面，日本帝国主义行动最早，走得最远，做得也最迅速、最彻底。当英、美、法、德一致维护袁世凯，支持其称帝时，日本就反其道而行之，奉行起捣乱去袁政策。袁世凯死后，日本则从财力上、武器装备上援助段祺瑞。1917年1月至1918年9月，在段祺瑞任内阁总理期间，日本供给皖系5亿日元的贷款，帮助段祺瑞政府训练和装备三个师、四个混成旅的参战军。段祺瑞的心腹大将徐树铮曾供认皖系军阀的祸国罪行完全得到了日本帝国主义的支持。他说："我北军权势消长，与日本寺内内阁利害相通，日本人认为东海（徐世昌）、合肥（段祺瑞）为政局之中心，日本扶持我派宗旨始终不变。"可见，段祺瑞武力统一中国的政策，实际上是日本帝国主义统一中国的变种。段祺瑞政权独裁内战的这一特征折射了大战期间列强在华力量对比的变化。大战期间中国政治变化尽管其成因主要是中国内部的自身原因，但是，从客观上讲，不能说与帝国主义没有关系。

袁世凯、张勋敢于倒行逆施，敢冒天下之大不韪，复辟帝制，就是因为得到了帝国主义的支持、怂恿。美国政府利用报纸，特别是袁世凯的美国顾问古德诺，宣扬他们的对华政策，叫嚣中国应该建立一个披着立宪外衣的君主政权；英国政府则是通过它的驻北京公使朱尔典表达了希望中国实行君主立宪制的意愿；日本政府则是利用袁世凯的皇帝梦，以签订丧权辱国、灭亡中国的"二十一条"相交换。袁世凯的爪牙后来回忆说：当时外国使节没有一个不对袁称帝表示赞成。至于张勋复辟的发生，首先是因为日、美为争夺控制中国参战权而引起黎（元洪）、段（祺瑞）交恶，从而使张勋有机会进京调停；其次，复辟前，德国源源不断地向张勋接济军火，愿以德华银行的资本协助张勋以举大事。再次，1917年5月，日本政府的参谋次长田中到徐州煽动张勋出来收拾混乱局面，使张勋产生了错觉，以为日本方面也是他复辟的支持者。故此，袁、张的愚蠢复辟既是他们的封建思想在作祟，又是帝国主义推波助澜的结果。又如资产阶级革命的屡屡失败，诚然自身的缺点是其失败的根本原因，但并不是唯一的原因。就客观原因而论，反革命力量大于革命力量，这种反革命力量，就是军阀。而军阀的背后，就是帝国主义的援助。这是孙中山先生后来才认识到的，但是在大战期间，他并未察觉到，仍然尊帝国主义为师。

日本帝国主义为了使中国全国大乱，好进一步起而干涉并整理之，默认黑龙会等民间人士"支援"中国人（南方反袁的革命派和伺机复辟清朝的宗社党）反袁活动的方针。资产阶级革命党人仅被日本帝国主义视为捣乱中国的一支枪。这种况状，是中国的资产阶级无法看得清的。事实上，此时军阀与帝国主义之间的勾结比以往任何时候都紧密，军阀有帝国主义的撑腰和援助，自然也就更有力量来挫败革命的力量。

帝国主义在大战期间奉行的分裂剥削中国的政策，不仅使中国政治发生了许多新变化，而且给中国社会造成了极为严重的危害，使中国政治的混乱和黑暗达到了极致。在大战期间和其后的几年里爆发的大小战争数以百计，那时的中国几乎每天在打仗，社会动荡，民不聊生。同时帝国主义之间的矛盾和分歧也使中国的政治舞台出现了令人眼花缭乱的频频易人局面。从1914年至1924年，中国的政治体制频繁更换，一会儿总统变皇帝，一会儿废帝改总统。十年之中平均每年都要更换一次一号人物，每年有三位内阁总理下台上台，乱世的迹象极为明显，这在中国数千年的历史中也是极为罕见的。显然，大战期间的帝国主义政策既给中国人民带来了深重灾难,也把中国的统治者和反动军阀引向了迅起迅灭的死亡之路。

二、一战对中国经济发展的影响

第一次世界大战虽然在政治上使中国乱象频出,然而在经济上却给中国提供了一个短暂的发展时机。在此期间由于主要的欧洲资本主义国家忙于战事,放松了对中国的控制,使中国的经济获得了一个相对宽松的发展期。

这一时期中国经济的变化主要表现在民族工业在短期内有了迅猛的发展。仅以工业投资来说,1913年为49 875 000元,1917年为128 244 000元,1920年为155 221 000元,工业投资增长了三倍左右。这在中国民族资本主义发展史上是空前的。在此期间民族工业在纺织、面粉、卷烟业等方面的进步最为显著。

在大战期间,全世界棉纺业霸主——英国,已奋身跃入大战漩涡,产量日减。中国一向进口英国棉货,此时骤感缺乏。1915年每生产一包16支纱要亏损白银3.13两,1916年也不过盈利5.45两,而1917年至1920年,每包16支纱最少可得利15.33

两,最多竟可达50.55两。需求推动了发展,国内很快就掀起了一个纱厂建设热潮,这个热潮几乎一直持续到了1922年。

与纺织业并驾齐驱的是面粉业。战前外国洋粉充斥国内市场,但大战爆发后,形势骤变,民族资本主义的面粉工业不仅可以独占国内市场,而且中国从面粉输入国一跃而成为面粉输出国。1913—1921年的9年间,全国有123家面粉厂设立(平均每年设立13.7家),其中民族资本经营的有105家,占全部新设厂的85.4%,其生产能力占全部新设厂生产能力的82.5%。全国销往外国的面粉数量,在1914年还不足7万担,到了1915年就已经接近20万担,增长速度惊人,并且在以后的几年里还在逐步上升,达到1918年的200多万担,1920年更是接近400万担。我国面粉出口在此期间由入超一变而成为出超。

烟草业在此时也有很快的发展。大战前,全国有新式烟厂十余家,大战期间及其后,仅上海,在1915年至1922年即开设了56家之多,其中规模最大的是南洋兄弟烟草公司。该公司成立于1906年,最初资本不过10万元,大战期间资本总额由100万元(1915年冬)增至500万元(1918年),最后增加到1500万元(1919年)。每年盈余400多万元(1920—1921年)。南洋烟草公司如此迅速地发展，曾使战前几乎独占中国卷烟市场的英美烟业公司的销路一度受挫。此外，大战期间机器修理业及制造、火柴、造纸、玻璃、针织、肥皂、食品加工等行业也均有发展。

尽管中国民族资本主义有着严重的弱点，并且在1922年九国华盛顿会议后，随着帝国主义卷土重来，这种黄金时期宣告结束，民族资本主义再次陷入举步维艰的境地。但是，第一次世界大战期间及其以后的几年时间里勃兴的民族工业，在中国的经济生活中，作为一种全新的、进步的生产关系，对中国社会生产力的发展具有进步作用。

第一，由于使用了当时比较先进的机器设备，提高了社会生产力。据计算，一个熟练的手纺工人，平均每人每天以11小时工作为限，可出纱（假定为16支）4两，而在当时的民族资本主义纱织工厂中，由于使用了机纺，平均每个工人每11小时工作日即可出纱20斤，机纺工人的生产能力相当于手纺工人的80倍。在面粉工业中，也是如此，据统计福新八厂215名工人每日夜可出面粉16 500包，平均每人每日夜出面粉76包，这种生产力当然是人工推动的碾、磨所望尘莫及的。与此同时，民族资本主义还培养了大批技术工人和技术人员，对提高全民族的科学文化水平作出了贡献。

第二，用生产的集中代替了生产的分散，扩大了生产规模。从地区上看，民族资本主义厂家多集中在上海、天津、武汉、广州、无锡等大城市；从行业来看，它们集中在面粉、纺织、火柴、运输、水泥及机器制造与修理业；从人数上看，战前很少有千人以上的民族工业，而大战后，千人以上的大厂亦不罕见，甚至出现了5 000人的大厂。当时永安厂、恒丰厂、南洋兄弟烟草公司、启新洋灰公司的工人数都在千人以上。虽然这样大的厂子并不是比比皆是，但是不能不承认，在轻、重工业的一些部门都出现了战前未曾有过的生产集中和规模扩大。中国社会数千年来都只有分散的小生产，而这几年里却出现了如此规模的生产集中，对于提高社会生产力、加强工人阶级团结、发动革命，都是有积极意义的。

第三，随着民族资本主义发展而发展的中国工人阶级队伍日益壮大，从而使中国的阶级结构、阶级关系发生了明显的变化。截止1920年，全国劳动者约有500余万人（农业劳动者除外），而近代产业工人约有200万人。与1912年北京政府统计的最高纪录66万人比较，增加了将近2倍。新增长的这些工人大多数分布在民族企业中。工人阶级的成长壮大及其特点和优点使中国的阶级结构和阶级关系发生了变化。战前中国工人阶级在各阶级中的比重所占极小，并且在政治生活中一直是追随资产阶级进行民主革命，是一个自在的阶级。1919年的五四运动时期，中国的工人阶级一跃以独立姿态登上政治舞台，第一次开始实践无产阶级的政治使命，开始了从自在阶级向自为阶级的转变，为全国各界所瞩目。此外，随着民族资本主义的发展，民族资产阶级必然要提出自己的政治、文化诉求，这就解释了大战时期新文化运动兴起与高涨的部分原因。民族资本主义在当时的社会条件下，是新的、进步的生产关系，对于发展中国的商品经济，打破帝国主义垄断中国市场，加强各地区之间和工农业之间的联系，促进统一的民族市场的形成等方面，都有有益的贡献。

因此，工界、商界、学界民主进步力量的增强，尤其是无产阶级在数量和质量方面的显著变化，这对于中国社会的进步与发展均产生积极的影响。因此，第一次世界大战对于中国社会经济的影响事实上已经超出了经济本身的意义。

三、一战对中国思想文化、社会观念的影响

第一次世界大战刚结束，各帝国主义国家瓜分世界的蓝图和具体方案还未正式出笼时，中国的绝大多数知识分子，对于即将召开的巴黎和会是寄托着很大希望的，普遍对西方帝国主义抱有不切实际的幻想。

1918年11月11日，第一次世界大战宣告结束。当时的中国，除了北京政府官方举行了大型庆祝外，民间也举行了庆祝活动。由于受到大战结束的鼓舞和美国总统威尔逊的欺骗宣传，那时跟在协约国帝国主义后面大喊公理战胜强权的人数相当多，"公理战胜，强权失败"一时简直成了当时人们的一句口头禅。新文化运动的旗手陈独秀在《每周评论》发刊词中，全篇主旨就是"公理战胜了强权"这个意思，一厢情愿地把威尔逊称作现在世界上的第一好人。《每周评论》为将来的世界和中国描绘了一幅战争和侵略永远绝迹的美丽图景："这次协约大胜，大家都知道是公理战胜强权，将来的世界上，弱国、小国可以出头了，已亡的波兰可以恢复了，巴尔干民族可以自主了，况且美国要组织一个世界大联盟，不准强大的国欺侮弱

小的国，中国以后若不像义和拳那样胡闹，便没有什么外患了。"又说："大同盟（指国际联盟）果然成立，那秘密条约，不正当的借款，过分的军备，强国的跋扈，都不能够存在的。列强若能赞成这个大联盟，从此以后，人道有了光明，民治可以普遍了。"

由于陈独秀本人以及他所创办的《每周评论》在新文化运动中所处的重要地位的缘故，加重了许多人原有的"公理战胜强权"的幻想。那时在一般人的眼中，除了日本这个张牙舞爪的帝国主义被列为强权外，老奸巨猾的英、法帝国主义和一向以隐蔽方式侵略中国的美帝国主义，都成了公理的化身。

当时的许多民众团体还曾经企图联合起来，向巴黎和会表达中国人民的愿望，给和会以影响，使其帮助实现中国独立的要求与愿望。如留日学生救国团曾提议组织赴欧公诉团；上海工商界的许多团体曾组织中华工商保卫国际和平研究会，并联合全国商会联合会及各省商会，共同向巴黎和会提出要求。

在那举国欢庆协约国战胜的时刻，只有李大钊发出了不同凡响的声音。他在演讲中指出："我们这几天庆祝战胜，实在是热闹得很，可是战胜的，究竟是哪一个？我们庆祝，究竟是为哪个庆祝？我老老实实讲一句话，这回战胜的，不是联合国的武力，是世界人类的新精神，不是哪一国的军阀或资本家的政治，是全世界的庶民。这次大战的结束是民主主义战胜、资本主义失败，协约国帝国主义的政治命运也怕不久和德国的军阀主义同归消亡。"可是，李大钊的这一瓢冷水并未使欢庆公理战胜强权的人们惊醒，最终还是巴黎和会的实际进程所产生的严酷事实无情地粉碎了人们的美梦。

1919年1月，北京政权出席巴黎和会的代表最初向和会提出两项提案。第一项是希望在中国废弃势力范围；撤走外国军队、巡警，裁撤外国邮局及有线、无线电报机关；撤销领事裁判权；归还租界地；归还租界；关税自由。第二项是请求和会取消1915年5月25日的中日协约（"二十一条"）及换文的陈述书。但是两项请求提案都遭到和会最高会议的拒绝。此时中国的唯一希望是山东问题能够顺利解决。但是，操纵和会的英、法、美三巨头4月30日最后议定的巴黎和约第156、157、158款，却规定由日本继承德国在山东的一切利益。当巴黎和会失败的噩耗传来时，人们痛苦、愤怒到了极点，一场规模空前的五四爱国运动像火山一样爆发了。从此中国人开始从幻梦中回到现实。

李大钊在和会外交失败不久的5月8日所发表的《秘密外交与强盗世界》一文中更是明确地指出："大家都骂着曹、章、陆这班人为卖国贼，恨他们入骨髓，都说政府送掉山东，是我们莫大耻辱，这抱侵略主义的日本人，是我们的最大仇敌。我却以为世界上的事，不是那样简单的。这作恶的人，不仅是曹、章、陆一班人，现在的世界仍然是强盗的世界啊！日本人要我们的山东，政府答应送给他，都还不算我们顶大的耻辱。我们还是没有自立性，没有自决的胆子，仍然希望共同管理，在那'以夷制夷'四个大字下讨一种偷安苟且的生活，这真是民族的最大耻辱啊！"李大钊根据对于帝国主义强盗世界的新认识，进一步提出了把这强盗世界推翻、改造强盗世界的彻底反帝口号。这就使得中国人民对帝国主义本性的认识从感性认识上升到理性认识，完成了一次具有重大历史意义的飞跃，给五四运动赋予了彻底反帝的革命性质。

第二节　新文化运动开启了
　　　古老中国思想文化的变革

1915年9月由陈独秀主编的《青年杂志》（自第二卷起，易名为《新青年》，后移址北京）在上海创刊，当时先进的中国知识分子借助这种崭新的传播媒介开始了对"民主"、"科学"等新观念的倡导，展开了一场中国历史上声势浩大的文化变革，新文化运动由此拉开序幕并得以迅速发展。当然，新文化运动的兴起，有着深刻的社会根源和文化根源。

一、清末民初的社会颓势惊醒天朝大梦

众所周知，鸦片战争打碎了大清帝国的沉沉昏梦，中国一步步沦为半殖民地半封建社会，自给自足的封建经济模式逐渐解体，资本主义商品生产因素有了一定积累。但积弱就要挨打的历史教训教国人清醒，当时的现实情势也进一步促使中国人努力寻求和探索富国强民的道路。

洋务运动是我们向西方学习的一次尝试，在"师夷长技

以制夷"的主导思想指引下，中国开始了模仿西方的"船坚炮利"和开矿筑路模式，以及开始介绍一些与此相关的声、光、电、化等技术和自然科学，当时的维新志士认为"要开民智，非讲西学不可"，须"用西洋之术"，宣传民权思想，介绍西方社会政治学说，效仿西方实行君主立宪。在洋务运动草草收场之后，资产阶级革命派输入民主共和观念，发动辛亥革命，推翻满清王朝，宣告了封建帝制的结束，但这一次仍然未改变中国社会半殖民地半封建的性质，胜利果实也被袁世凯窃取。袁世凯窃取民国大总统的位置之后，实行独裁统治，阴谋恢复帝制，出卖国家主权，资产阶级革命派创建的"共和"政府实际上成为了一块空头招牌。

因此，无论是科技引进的尝试还是体制革命的努力，都无一例外地陷入了失败境地，尤其是辛亥革命的失败给国人的刺激最为强烈，先进的知识分子从中意识到，只要封建君主专制赖以存在的精神文化基础不动摇，只要中国民众依旧处于愚昧、落后、麻木的精神状态之中，只要革命与群众存在着厚重的精神隔膜，中国就不能改变穷困落后的状况。于是，一场大规模的思想启蒙运动开始了。

如前所述，第一次世界大战爆发以后，帝国主义列强忙于欧战，无暇东顾，中国民族工业乘机在隙缝中得到相当程度的发展。从1912年开始，中国的民族工业发展迅速，社会生产中的资本主义因素急剧上升，民族资产阶级力量有显著增长。随着这个新阶级的诞生、发展、壮大，他们反帝特别是反封建的情绪日益高涨。据估计，这时中国产业工人的人数也已经达到250万—300万人之多，势力随之壮大的中国无产阶级也逐渐成为一支重要的政治力量。新的经济和新的政治力量，自然会在思想文化方面表现出来，这就构成了新文化运动的社会阶级基础。

一个新兴的知识分子阶层开始独立出来。清末废除科举制度，兴办了各类学堂，推广新式文化教育，特别是随着现代出版业的发展，报纸副刊和文学杂志的大量出现，使文学市场得以形成，稿费制度有了保障，从而形成了一批具有现代科学知识、自主开放意识的新型知识分子群体。一般认为中国报刊在19世纪下半期形成大潮，1874年—1895年自办的报刊只有10种，而到1901年却达120种，尤其是辛亥革命后全国新兴的报纸约有500种之多，仅北京就有100家左右。我国最早的文学杂志是1872年的《瀛寰杂记》，后来的25年中仅出现5种文学期刊，而1902年—1916年间则大约有57种之多。和中国的传统文化相关，文学不仅在报纸上占有一席之地，而且出现了报纸文艺副刊和专门的文学杂志，这为知识分子的独立提供了充分的物质条件和自由发表言论的广阔空间。

每一个历史的转折关头，都会有思想文化的激烈交锋。中国的知识分子历来有在紧要关头忧国忧民的历史传统，从屈原的"路漫漫其修远兮，吾将上下而求索"到范仲淹的"先天下之忧而忧，后天下之乐而乐"，从陆游的"位卑未敢忘忧国"到顾炎武的"天下兴亡、匹夫有责"，概莫能外。在新文化运动之前，面对民族的危亡，中国的主流知识分子曾经试图采用过其他文化策略来应对这"三千年未有之大变局"，虽然他们没有逃脱失败的命运，但应该看到的是，他们主观上是为中国在强悍的西方殖民掠夺面前找到合适的生存之道，而不是简单试图通过西方的标准来作绝对化的文化优劣判定。所以，无论是自强运动、洋务运动还是戊戌变法，其中都有中国人智慧的闪光，即使是没落满清贵族发起的洋务运动也是以"师夷长技以制夷"为宗旨。

清末民初，在"中国该往何处去"的历史使命的呼唤下，中国的知识分子又开始思考。此时，大一统的封建思想统治局面已经土崩瓦解，走马灯似的军阀政权一时又无力实施严密的思想控制，中国出现了历史上少有的言论出版相对比较自由的时期，在这种情况下，晚清知识分子在传统的仕途之外就可以选择"思想"与"写作"作为体现自身价值和谋生的手段。在这种混乱而自由的社会氛围中，新型知识分子开始张扬自我个性，发表独立言论，反思文化传统，借鉴外来思潮，拓宽文化视野，新文化运动由此产生。

二、对传统文化的反思构成新文化运动的起点

由于资产阶级革命派本身的弱点和中国传统文化的历史惯性，辛亥革命后的一段时期内，复古逆流死灰复燃，粉墨登场。

1912年10月，张勋等在上海发起孔教会。1913年2月，康有为创办《不忍》杂志，宣扬"欲存中国，非赖孔教"。同年10月，《中华民国宪法草案》规定："国民教育，以孔子之道为修身大本。"尊孔复古思潮为帝制复辟鸣锣开道。同年12

月，袁世凯倒行逆施复辟君主专制，孔子之道仍被奉为万世师表。1913年完成的天坛宪法草案上居然写上了"国民教育以孔子之道为修身大本"的条款；另一方面发表"整饬纲纪"的宣言，宣布恢复学校"祀孔"、"读经"的命令以及表彰"节烈"、"孝行"的条例，公开提倡"祭天祀孔"，鼓吹"中国数千年来立国根本在于道德，凡国家政治、家庭伦理、社会风俗，无一非先圣学说发皇流衍。是以国有治乱，运有隆污，惟次孔子之道，亘古常新，与天无极"。1914年北京政府的《教育纲要》竟然规定"各学校均应崇奉古圣贤，以为师法，宜尊孔尚孟，以端其基而致其用"。封建余孽则大肆叫嚣"发扬国粹，维护国俗，定孔教为国教"。北京等地纷纷出现了孔教会、孔道会、尊孔会等组织，《孔教会》、《不忍》等鼓吹孔教主义的杂志也一一浮出水面，"孔子大一统"论、"孔教乃中国之基础"论、"中国之新命运系于孔教"等言论也风行一时。

在这股封建逆流面前，原来的维新志士、资产阶级新文化的代表人物纷纷倒戈，甘当封建势力的代言人。如康有为竟然以当代孔子自居，严复滚入了封建复古思潮的逆流，许多介绍过新学的维新志士也对新学偃旗息鼓，成了封建主义的卫道士和吹鼓手。资产阶级新文化伴随着辛亥革命政治上的失败已被帝国主义的奴化思想和封建主义的复古思潮所打退，旧文化、旧思想严重束缚和阻碍着民族意识的觉醒。这种变化，必然促使中国社会的逐步转型和新经济、新政治的发展，那些接受西方新思潮的激进的民主主义知识分子以勇猛的姿态发起了一场比辛亥革命更为猛烈的反封建、反复古的新文化运动。

面对国家的颓倾之状，这些革命志士吸取失败的教训，继承革命精神，为探索新的救国方案而努力。新文化运动的主帅陈独秀从救亡的愿望出发，对戊戌变法的失败和辛亥革命的流产进行深刻反思，认为广大国民保守愚钝、析理不明、对革命如同观对岸之火熟视无睹为根本原因。近代中国一场轰轰烈烈的思想启蒙运动拉开了帷幕。

三、民主和科学是新文化运动的两面大旗

新文化运动一开始就以提倡民主，反对专制；提倡科学，反对迷信；提倡新文学，反对旧文学；提倡白话文，反对文言文；以"建立西洋式之新国家，组织西洋式之新社会"为主要内容。当时新文化运动的首领陈独秀在《青年杂志》的开

篇之作《敬告青年》中强调：科学与人权，如"舟车之有两轮"，而"国人欲脱蒙昧时代，羞为浅化之民也，则急起直追，当以科学与人权并重"。这里，"人权"即"民主"。在当时的先进知识分子看来，西方的科学与民主是改变贫穷落后，摆脱奴役地位，挽救国家危亡的重要力量。西洋人崇尚"德"、"赛"两先生，"'德'、'赛'两先生才渐渐从黑暗中把他们救出，引到光明的世界"。所以"若因为拥护这两位先生，一切政府的压迫，社会的攻击笑骂，就是断头流血，都不推辞"。在此认知下，新文化运动的启蒙者们高举"民主"和"科学"大旗，将其作为批判的武器，对封建伦理道德进行了振聋发聩的批驳。

虽然"五四"前夜思想环境比较宽松，但由于中国数千年的文化传统的积习，因而在思想文化领域尊孔复古思潮根深蒂固，全国尊孔读经的声浪甚嚣尘上。针对这种状况，新文化运动的主要阵地《新青年》上发表了大量介绍西学，宣传民主、科学的战斗檄文，向顽固腐朽的封建思想发起冲击。这一时期新文化运动的民主，仍属资产阶级民主范畴，主要倡导平等人权、思想自由、人格独立等资产阶级民主观，以及在陈独秀看来是"建立西洋式之新国家",提倡"西洋式社会国家之基础"的民主制度。在新文化运动者看来,"民主、科学"都是"新"文化的代表和象征,与中国封建礼教等"旧"文化截然对立。兴民主,必须破专制;擎科学,必须抑迷信;倡新必须弃旧,"旧者不根本打破,则新者绝对不能发生。新旧之不能相容,更甚于水火、冰炭之不能相入也"。作为封建统治者维护自身统治的护身符和判断是非标准的孔教,禁锢了人民的头脑,阻碍了社会进步,违背了社会经济生活。

新文化运动的参加者对于封建思想的抨击是深刻的,彻底的。

首先,他们把尊孔与复辟帝制联系起来,认为复辟帝制是尊孔的必然结果,如果不大力反封、反对尊孔,则腐朽的帝制不能彻底灭亡;反对把孔子写进宪法,他们认为孔教,注重别尊卑、明贵贱。根据"道与世更"的原则,既然提倡共和,那么就必须反对孔教立宪。李大钊强调,孔教是"历代帝王专制之护符也",宪法是"现代国民自由之证券","专制不能容于自由,即孔子不当存入宪法";新文化同仁们还认为,尊孔必然导致思想不明,学术专制,阻塞民智。所以儒教必须革命，儒学必须转轮。

其次，新文化倡导者们不仅反对孔教，与之相关的一切伦理道德、家族制度、妇女问题等都成为其关注的对象。陈独秀以进化论为依据，认为道德观念，应随社会的发展而发展，封建时代的忠孝节义等旧道德不适于今世的生活状况，认为旧道德是中国历史上、社会上种种悲惨不安的根源所在，中国的礼教、纲常、风俗、政治等都是从旧道德演绎催生出来的；中国人的虚伪、利己、缺乏公心都是旧道德助长的，要消灭黑暗，达到光明，必须破除旧道德，主张新道德。

再次，破除宗法制度的家族本位主义，建设个人本位的自由精神，一直是《新青年》所提倡的。胡适大力介绍易卜生主义，推崇其"个人须要充分发达自己的才性，须要充分发展自己的个性"的主张。同时，新文化运动的倡导者们关注女子问题，涉及到女子的教育、恋爱、婚姻及女权运动等，他们把女子教育与社会兴衰联系起来，认为女子的教育绝不仅是一家一户的问题，而是关系到社会的治乱问题，而女子的自由恋爱和婚姻更是社会制度中完美的制度，也是作为人很完美的境界；李大钊把妇女问题上升到打破专制制度的高度，指出"要合全世界无产阶级妇女的力量去打破那有产阶级（包有男女）专断的社会制度"。

新文化运动倡导的作为反封建武器的科学，主要指提倡求实态度和理性主义，反对神权，反对愚昧、迷信、盲从和武断。对于这一点，陈独秀在《敬告青年》中对科学有明确的表述："科学者何？吾人对于事物之概念，综合客观之现象，诉之主观之理性而不矛盾之谓也。"新文化战将希望通过提倡科学，以反对上帝创世的谬论，解除宗教对人们的束缚；他们痛恨脱离实际的空话、废话、鬼话和谎言，认为要根除这些弊病，惟在科学之兴；他们运用自然科学的原理对"天幸、天罚"的天命观进行了有力驳斥，认为大千世界没有所谓神灵主宰，一切自然现象都可以用科学的法则来解释；他们反对任何形式的迷信活动，把其与国家的存亡联系起来，他们普遍认为，迷信会导致国灭，只有科学才能救国。鲁迅表示："要救治这'几至国亡种灭'的中国，那种孔圣人、张天师的传言，是全不对症"；中国需要的是"这些鬼话对头的科学"，而"不是皮毛的科学"。

最后，民主和科学的内容，需要新的文学、文字形式来表达，于是引出新文化运动的另一内容：提倡新文学，反对旧文学；提倡白话文，反对文言文。1917年1月，《新青年》2卷5号发表了胡适的《文学改良刍议》一文，提倡白话文，指出："白话文学，将为中国文学之正宗"，并且《新青年》从1918年1月4卷1号起，改用白话文，这对新文化运动的普及开展，民主科学观念的深入人心起了重要作用。在《新青年》的引领下，文学革命在小说、诗歌、散文以及戏剧等诸多方面迅速展开并取得可喜的成就。鲁迅的小说《狂人日记》、《孔乙己》、《药》等名篇对中国社会封建制度的揭露入木三分；郭沫若的诗歌《女神》被誉为新诗的奠基之作；另外，陶履恭、胡适和罗家伦等人分别翻译了易卜生的《国民公敌》、《娜拉》等国外名剧，开阔了人们的视野，倡导了新的生活观念。

第三节　五四运动彰显中国社会的新变化

一、民众的主体意识全面觉醒

1919年1月，中国在巴黎和会上外交失败的消息传到国内，国人震惊，群情激愤，久积在中国人民胸中的怒火，像火山一样爆发出来了。

五四运动既有新文化运动的思想解放的先决条件的因素，也是中国人独立自主寻求救国救民之路的必然结果。起源于青年学生进而波及全社会的五四运动在中国近代史上具有重要的意义，它彰显了中国社会的新变化，也再一次向世人告知了"肉食者鄙，未能远谋"的道理，彰显了人民的力量！

五四爱国运动已突破了知识分子的范围，发展成为以工人为主、有小资产阶级和资产阶级参加的全国范围的群众爱国运动，是我们中华民族要求民族自决，反抗殖民统治的斗争，表明了近代中国的民众主体意识的全面觉醒。

当然，民众主体意识的觉醒和新文化运动的兴起与五四运动前后的中国思想解放的现实是相联系的。在很多人看来，五四时期的思想解放运动的开展是由于外来资本主义势力的侵入摧毁了中国传统的思想观念，但是五四运动的发生实际上是我们中国民众要求独立自主找寻救国之路、独立思考挖掘新思想的必然结果。

从政治关系看，五四运动前后正酝酿着社会先进力量的更换,辛亥革命中扮演革命领导角色的资产阶级政党,尤其是帝国主义殖民势力不可能让中国的民族资产阶级强大起来,而本身又缺乏独立性,还在坚持"以帝为师"民族资产阶级还没有认清这一点,所以在初建的中华民国政治舞台上民族资产阶级缺乏后继力量,已难以再有作为。中国期待着新的社会力量,寻找先进理论,以开创救国救民的道路。在这种情况下,替代它的无产阶级新型政党开始酝酿,五四运动的发生,引出政治关系的重大变动。

从阶级构成看,五四运动前后工人阶级队伍的壮大和政治上的成熟,标志着改造社会主体力量的转移。在此之前的改良和革命运动中,改造社会的主体力量都局限于很小范围的群体,既没有产业工人的参与,也缺乏农村的深刻变动。工人阶级以及与它有着血缘关系的农民登上历史舞台,形成五四运动前后中国社会阶级关系构成的变化。

从思想动态看,五四运动前后各种新思想大举输入和引进,各种主义竞相争艳,开阔了人们的眼界,尤其是科学和民主的宣扬、个性解放的倡导以及对传统文化的批判,在思想界刮起狂飙飓风。中国社会的这些深刻变动为思想解放拉开了闸门。

五四运动的思想解放是以树立人的主体意识为中心的。陈独秀解释说："解放云者，脱离夫奴隶之羁绊，以完其自主、自由之人格之谓也，盖自认为独立自主之人格以上，一切操行，一切权利，一切信仰，唯有听命各自固有之智能，断无盲从隶属他人之理。"陈独秀用自主、自由的人格作为解放的涵义，体现了五四运动思想解放的本质精神。辛亥革命使中国从传统的制度中解放出来，但却没有也无法触及人的解放。1915年陈独秀等人发起新文化运动，目的就是试图从辛亥革命的制度解放向人的解放延伸。他们认为，中华民国之所以弄得非驴非马，之所以共和其名、专制其实，就是因为政制转向近代形式后，国人的思想还处于传统的牢笼之中。沿着这样的思路，陈独秀等人致力于人的解放，强调"解放就是压制的反面，也就是自由的别名。近代历史完全是解放的历史，人民对君主、贵族，奴隶对于主人，劳动者对于资本家，女子对于男子，新思想对于旧思想，新宗教对于旧宗教，一方面还正在压制，一方面要求自由、要求解放"。李大钊解释说："近世之文明，解放之文明也。近世国民之运动，解放之运动也。解放者何？

即将多数各个之权利由来为少数专制之向心力所吸收、侵蚀、凌压、束缚者，依离心力以求解脱而伸其个性复其自由之谓也。"从这样的理解去认识五四运动内涵的思想解放，在社会层面上就是广大人民群众主体意识的觉醒。

鸦片战争以后，中国人民在反抗帝国主义侵略斗争中表现出来的中华民族的英雄气概可谓可歌可泣，伟大的爱国主义精神值得颂扬。然而，这些斗争的表现形式，基本上都是在遭遇侵略的危难关头而进行的自卫式抵抗，是救亡图存的民族本能。五四运动表现的爱国主义则超越了自卫式抵抗和民族本能的意义，具有谋求民族解放和阶级解放的时代新内容。

五四运动爆发的原因，是帝国主义列强在巴黎和会上把战败国德国原在中国山东攫取的种种特权转让给日本。这个原因显然不同于炮舰压境、兵戎相见等武力淫威下构成的民族危机，五四运动的爆发表现的是国民主权意识的觉醒和对国家地位、民族尊严的关注。因此，由学生发起并进而席卷全国、蔓延社会各个阶层并有产业工人阶级参加的五四运动就不可与以往的反侵略战争相提并论，这是由广大人民群众自觉地为国家地位和民族尊严而进行的抗争，不是简单的救亡图存，而是捍卫国家和民族的尊严并谋求人民的解放。

近些年来，有一种观点认为五四时期的思想解放包括两个方面：启蒙和救亡，但是因为巴黎和会中国外交的失败引起了国民的愤怒，所以后来救亡压倒了启蒙，并因而在中国近代没有大规模的资产阶级思想解放。这种观点显然缺乏对五四运动的真正认识。五四运动中广大人民群众尤其是工人阶级对国家政治和民族尊严的自觉担当，绝不仅是救亡图存，而是中国人独立自主找寻民族发展之路，反抗帝国主义殖民势力的压迫和剥削的精神体现，这是中国人思想的重大超越和解放。

二、先进的知识分子超越了西学，思想上有了重大突破

五四运动的成果之一就是促进了近代中国社会思潮演变，这一时期意识形态观念纷呈，思想各异。与此相应的是五四运动时期知识分子的思想发生了转变。这一转变的主要特征是从资产阶级民主主义思想到无产阶级社会主义思想的转变。

近代中国，呈现过两次思想解放。一次是摆脱中国传统封建的思想的束缚，转向接受西方的资本主义思想观念。这主要

集中在从鸦片战争到五四运动的80年，具体表现为对近代西方船坚炮利、政制规章和思想文化的吸纳，虽然这一次的解放并不成功，并没有改变中国社会的颓势，但毕竟使得在中国社会占统治地位长达两千年的封建思想受到了前所未有的冲击，为此后的资产阶级民主革命奠定了基础。另一次是摆脱资产阶级民主主义思想的束缚，转而接受社会主义思想。这主要集中在从五四运动到中华人民共和国成立的30年，表现为对马克思主义世界观的接受，五四运动是第二次转变的起点。

如果说第一次思想解放结出了中华民国这个硕果的话，那么，共和制度的糟糕实践则使这个硕果很快就腐烂透顶并荡然无存。以袁世凯为首的北洋系军阀势力掌控的民国政权，让仿效西方所得到的一切收获化为泡影；封建统治改头换面之后，依然存在；社会黑暗有增无减，人民生活水深火热，外寇铁蹄依然对中华大地肆意践踏。真可谓"无量头颅无量血，可怜购得假共和"。中华民国初年社会的残酷现实击破了许多资产阶级民主主义者的共和憧憬，他们在逐渐滋生的怀疑、徘徊、动摇的状态下寻求新的思想。正是在这种状况下，李大钊号召"冲决历史之桎梏，荡涤历史之积秽"，他说"古今来之天经地义，未必永为天经地义"，号召人们"打起精神，于政治、社会、文学、思想种种方面开辟一条新路径，创造一种新生活"。

资产阶级知识分子开始反省中国革命，对自己原先所热衷的欧风美雨不再坚信不疑，对以英美为榜样的西方道路不再迷恋不舍。1917年俄国十月革命后，一批曾经赴汤蹈火投身资产阶级民主革命的知识分子，逐渐将救国救民道路的探索转向新的方向。"走俄国人的路"替代走英美式的路，成为五四运动一个标志性的变化。李大钊是这其中的典型代表。

五四运动之前，支配先进知识分子世界观的是资产阶级民主主义思想，诸如进化论思想，天赋人权观，社会契约论，民主、平等、自由等抽象理念，构成知识分子世界观的基本要素。这样的世界观曾经引导知识分子投身中国社会的改造，具有站在时代前列的先进意义。但是，随着进步思想的向前推进，资产阶级民主主义世界观的缺陷日益展露，它的一套理念被活生生的现实所摧垮，难以引领中国社会发展进步。五四运动揭开了马克思主义传播于中国的序幕，知识分子被新的思想所吸引，形成了如毛泽东所说：一批具有初步共产主义觉悟的先进知识分子，他们用无产阶级的宇宙观作为观察国家命运的工具，重新考虑自己的问题。马克思主义的剩余价值理论、唯物史观、阶级斗争学说等思想，被这一时期的先进知识分子广泛地运用到对中国革命方向、道路、前途等一系列问题的思考上，从而形成崭新的结论和判断，推动中国革命进入新的历史阶段。这既是近代中国具有极其深刻意义的变化，也是五四运动的一大成果。

三、五四精神是中华民族宝贵的民族遗产

以"爱国、进步、民主、科学"为核心的五四精神在民族遗产构成中具有特别重要的价值。中华民族具有悠久历史的文明积淀，形成了丰富厚重的民族遗产，是一笔宝贵的财富。对于中国来说，"彻底地、不妥协地反帝反封建的爱国精神"在民族精神尤其具有重要价值。

有的学者提出过一个看法，认为灿烂的古代中国文化，既是民族的骄傲，又是历史的包袱。从古代文明遗留的思想惰性上说，这个看法似乎不无道理。然而一个不容否认的事实是，五千年文明遗留的思想惰性并不是文化本身使然，而是长期遥遥领先于世界的优越感造成了中国社会夜郎自大的盲目心态，

同时，两千多年封建专制主义统治形成的思想牢笼成为束缚人们头脑的桎梏。"天不变道亦不变，祖宗之法不可变"之类的训诫，使人们的言行举止谨小慎微，不敢越雷池半步，打破传统束缚变成一件很难的事情。李大钊说："而在吾华，历史最古，历史上遗留之种种权威重压累积于国民思想者，其力绝厚，盖尝秘窥吾国思想界之消沉，非大声疾呼以扬布自我解放之说，不足以挽积重难返之势。"

纪念五四运动，目的是要从历史遗产中汲取国家发展和民族振兴的动力。五四运动以及由此铸造的五四精神，不会随着时间的推移而湮灭。

第四节 十月革命给中国送来了马克思主义

1917年11月7日（俄历10月25日），一个划时代的伟大革命——十月社会主义革命在世界上领土面积最大的国家俄罗斯发生。领导这一革命的是以列宁为首的俄国布尔什维克党）。

"十月革命一声炮响，为中国送来了马克思列宁主义。"毛泽东的这一经典论述既指出了十月革命的划时代意义，也揭示了十月革命与中国革命的密切联系，高度概括了真实的历史，在中国人民的心中已经生根发芽。

一、第一次世界大战直接推动了十月革命的爆发

1914年8月，"亘古未有的大战"——第一次世界大战爆发。战争主要在同盟国（德国、奥匈帝国、意大利）和协约国（英国、法国、俄罗斯和塞尔维亚）之间展开。对于这场战争的性质，列宁在战争爆发一个月后写的《战争和俄国社会民主党》一文中即予以深刻的揭露："各国的政府和资产阶级政党准备了几十年的欧洲大战终于爆发了。""强占别国领土，征服其他国家；打垮竞争的国家并掠夺其财富；转移劳动群众对俄、德、英等国国内政治危机的注意力；分裂工人，用民族主义愚弄工人，消灭他们的先锋队，以削弱无产阶级的革命运动——这就是这场战争唯一真实的内容、作用和意义。"

帝国主义两大军事侵略集团进行的这场不义之战（虽然塞尔维亚进行的是民族解放性质的战争，但在整个大战中只处于局部和从属地位），对世界产生了重大影响。

第一，促使欧洲走向衰落。如发动战争的沙俄、奥匈、德国、土耳其等四个帝国崩溃了；英、法虽为战胜国，但被严重削弱，这是帝国主义国家未曾预料到的。

第二，促使美国、日本作为世界大国而兴起。特别是，当欧洲国家忙于战争，暂时放松对中国的经济侵略时，美国尤其是日本的对华商品倾销和资本输出迅速增加。

第三，促使帝国主义国家在新的力量对比基础上确定了战胜国重新瓜分战后世界的蓝图。

第四，从反面促进了各国人民的觉醒及其革命运动的高涨。

第一次世界大战与俄国十月革命的发生密切相关。因为在这场战争中，作为协约之一的沙俄，其军队屡遭惨败，许多地区被德军占领，生灵涂炭。正是在这一背景下，1917年2月25日，彼得格勒30万左右的工人举行政治总罢工。2月27日，布尔什维克党中央委员会发表《告全体俄国公民书》，号召人民：推翻沙皇制度，成立工兵代表参加的临时革命政府，建立民主共和国；制定保护人民权利和自由的临时法令，镇压反革命；没收皇室、教会和地主土地，实行八小时工作制；联合各交战国人民，立即制止帝国主义战争。这就是俄国历史上很有名的二月革命。

但是，由于当时无产阶级的觉悟性不高、组织性不够，加上孟什维克和社会革命党人对资产阶级奉行了一条妥协路线，至3月初，俄国出现了两个政权并存的错综复杂的局面。一个政权是"正式的政府"——资产阶级临时政府，它拥有社会中上层的支持，是资产阶级专政；另一个政权是彼得格勒苏维埃，它是革命群众的阶级组织，拥有一定的实力，行使着一定的政权职能，是工人、农民的革命民主专政。俄国资产阶级临时政府出于其反动本性决心继续进行战争并镇压工农群众，这就不能不遭到人民群众特别是工农群众的激烈反抗。因此，二月革命后，资产阶级临时政府频频出现危机。7月4日，该政府在彼得格勒制造了镇压游行示威工人的"七月流血事件"。随后，他们大肆迫害布尔什维克党人，包括下令逮捕列宁等布尔什维克党的领袖。正是在这种情况下，近四个月后，十月革命爆发。

二、十月革命的进程及伟大意义

十月革命是在俄罗斯第二大城市和重要港口——彼得格

勒爆发的。1917年11月7日下午，彼得格勒的两万名赤卫队员和士兵包围了资产阶级临时政府所在地——冬宫。当晚9点40分，停泊在涅瓦河畔的"阿芙乐尔"号巡洋舰上，起义成功的士兵开始炮轰冬宫。次日凌晨，冬宫被攻陷，临时政府16名部长在起义者的枪口下交出了证件后被逮捕。俄国资产阶级临时政府垮台。

当晚，全俄工兵苏维埃第二次代表大会在十月革命的指挥部斯莫尔尼宫召开。次日清晨，大会通过了列宁起草的《告工人、士兵和农民书》，宣告代表大会已把政权掌握在自己手中。大会通过了列宁起草的《和平法令》和《土地法令》。

《和平法令》是苏维埃政权建立后的第一个纲领性的外交文件，它向全世界表明了苏维埃政权的和平对外政策。《土地法令》则宣布，将以国家土地所有制代替地主土地所有制。根据《土地法令》，改革的结果将使俄国彻底解决二月革命未能解决的消灭封建土地私有制和消灭农奴制残余的问题。大会选出了临时苏维埃政府——人民委员会。列宁当选为人民委员会主席。11月9日清晨，代表大会胜利闭幕，它宣告了世界上第一个社会主义国家的诞生。

十月革命后至1918年3月，苏维埃政权在全俄范围内普遍建立。3月3日，苏维埃政权同交战国德国在布列斯特签署了和约，俄国退出了第一次世界大战。3月，俄国社会民主工党（布尔什维克）第七次紧急代表大会召开。大会通过了关于更改党的名称和修改党章的决定。俄国社会民主工党（布尔什维克）开始改称俄国共产党（布尔什维克），简称俄共（布）。在随后的三年，俄共（布）领导苏俄人民粉碎了国内反革命势力的叛乱和14个帝国主义国家的武装干涉，初步巩固了新生的苏维埃政权。

十月革命具有伟大的意义：第一，它开辟了世界无产阶级社会主义革命的新时代，建立了一条从西方无产者经过俄国革命到东方被压迫民族的、新的反对世界帝国主义的革命战线。"在这种时代，任何殖民地半殖民地国家，如果发生了反对帝国主义，即反对国际资产阶级、反对国际资本主义的革命，它就不再是属于旧的世界资产阶级民主主义革命的范畴，而属于新的范畴了；它就不再是旧的资产阶级和资本主义的世界革命的一部分，而是新的世界革命的一部分，即无产阶级社会主义世界革命的一部分了。"（毛泽东语）因为只要这些国家进行反对帝国主义的斗争，在客观上它就是在削弱国际帝国主义的力量，这当然是对国际社会主义力量的支持和援助。

第二，它扩大了民族问题的范围，即把民族问题从欧洲反对民族压迫的斗争的局部问题，变为各被压迫民族、各殖民地及半殖民地人民从帝国主义侵略压迫之下解放出来的总问题。

第三，它给世界被压迫民族和人民解放事业，创造了可能性、开辟了现实的道路，极大地促进了世界革命的进程。十月革命后，1919年3月4日，列宁领导的共产国际在莫斯科成立。30个国家的共产党或左派社会团体的代表出席了大会。共产国际建立后，积极帮助包括中国在内的一些国家的先进分子创建共产党。在此期间，1922年12月30日，俄罗斯、乌克兰、白俄罗斯和外高加索联邦共同组成了苏联（全称为苏维埃社会主义共和国联盟）。在此前后，亚洲、非洲、拉丁美洲人民反对帝国主义压迫的民族解放运动或民族民主革命运动，开始进入一个新阶段。

三、十月革命给中国社会带来的深远影响

十月革命爆发的第三天，上海《民国日报》即刊登了此消

息。这是中国最早的对十月革命进行较为详细的公开报道。其报道此消息的题目为《突如其来之俄国大政变》。报道指出："美克齐美党（Maximalist音译，过激党之意——笔者注）占据都城"；"彼得格勒成军与劳动社会已推倒克伦斯基政府"等。但是，由于中国北洋政府站在协约国一边，因此，它拒绝承认十月革命后的苏俄，并很快召回了驻俄公使。新生的苏俄政府于1919年7月25日发表《俄罗斯苏维埃联邦社会主义共和国对中国人民和中国南北政府的宣言》，表明自己的对华政策。但是，该宣言发表时，中俄交通是被阻隔的。因为在1918年1月至1920年春，日、美、英、法等国武装干涉俄国，而西伯利亚地区也正被俄国反革命武装高尔察克军队所控制，北洋军阀段祺瑞把持的北京政府在政治上反对苏俄，响应美国的"创议"，于1918年4月派了相当一个团的兵力出兵西伯利亚，参加日、美、英、法等国联合对苏俄的武装干涉。这种情况直到1920年春才基本结束，中俄交通随之重新打开。苏俄政府的第一次对华宣言随后传来。

《宣言》写道：苏俄政府"代表俄国人民向全世界人民倡议建立巩固持久的和平，这种和平的基础应当是绝不侵犯他国领土,绝不强行吞并其他民族,绝不勒索赔款。每一个民族不论大小、不论居住何地、不论它至今是否独立自主或被迫附属他国,在自己的内部生活中均应享有自由,任何政权都不得把它强留在自己的领域之内。"《宣言》还申明,"苏维埃政府废弃一切特权","苏俄政府准备与中国人民的全权(代表)就一切其他问题达成协议,并永远结束前俄国政府与日本及协约国共同对中国采取的一切暴行和不义行为"。消息传来,在中国人民心里引起了极大的震动。

1920年4月,《中华劳动公会致苏俄政府电》写道:"我们中华的人民,接着你们的通告,非常的喜欢;知道你们的革命,是要恢复我们劳动者的权利,是为世界人类谋真正的自由平等的幸福,知道你们全俄的农民、工人和红卫兵,是世界上最可爱的人类。中华全体的平民,都钦佩你们创造的势力和牺牲的精神。我们劳动界尤其欢欣鼓舞,愿与你全俄的农民、工人和红卫兵提携,立在那人道正义的旗帜下面,一齐努力,除那特殊的阶级,实现那世界的大同。"

同月,《全国各界联合会致苏俄政府电》表示:"吾人前此,以中外报章传闻复杂,无从悉俄国之真相。""今读俄国通牒,一种正义人道之主张流露言表"。"吾人更信中国人民除一部分极顽朽之官僚、武人、政客外,皆愿与俄国人民携手。中华民国全国各界联合会,勇敢代表中国人民,答复俄国人民暨俄国劳农政府之盛意。"

同月11日,全国学生联合会也致电苏俄政府。电文写道:"我们自当尽我们所有的能力,在国内一致主张,与贵国正式恢复邦交;并敢以热烈的情绪,希望今后中俄两国人民在自由平等、互助的正义方面,以美满的友谊戮力于芟除国际的压迫,以及国家的种族的阶级的差别,俾造成一个真正平等、自由、博爱的新局面。"

基于中国民众对这一《宣言》的热烈反响,1920年9月2日,苏俄政府发表第二次对华宣言——《俄罗斯苏维埃联邦社会主义共和国对中国政府的宣言》。其中强调:"为了两国的幸福起见,有必要发展前次宣言的原则。"为此,苏俄政府向中华民国外交部提出了缔结中俄友好协定的八个要点。《宣言》并表示:"苏俄方面将尽一切力量以求建立双方最密切、最真诚的友谊。"由上可以看出,中国各阶层民众对《宣言》作出最热烈的反响的原因有两个:一是它表达的苏俄政府对中国的"自由、平等、互助的正义";二是它的"要恢复我们劳动者的权利"的内涵。这正是十月革命在中国民众中产生积极影响的最根本的原因之一。

十月革命作为人类历史上一种崭新的革命，它对中国的影响是巨大而深远的。

第一，它削弱了国际帝国主义的力量，直接援助了中国人民的反帝斗争；从多方面促进和加强了中国革命与世界各国人民革命斗争的国际联合，使中国革命有了前所未有的国际援助。十月革命的直接打击目标是俄国资产阶级临时政府，而俄国资产阶级是国际帝国主义的重要组成部分。十月革命推翻了这个阶级的统治，也就直接减轻了外国帝国主义侵略势力对中国人民反帝斗争的压力。特别是十月革命后，苏俄政府对被压迫民族采取了和平、友好的政策，它极大地鼓舞和增强了中国人民进行反帝斗争的信心和勇气。固然，十月革命后，在新的时代条件下，中华民族和中国人民面临的最大压迫，仍然是帝国主义的民族压迫，中华民族和中国人民面临的反帝斗争任务仍然十分艰巨。但是，由于十月革命建立了一条新的反对世界帝国主义的革命战线，因此，十月革命后，中国人民的革命斗争就不是孤立的了，而是同世界人民反对国际帝国主义的斗争连在一起了，这是一个十分重大的变化。对这一问题，在抗日战争和解放战争时期，毛泽东有过多次论述。如他在《全世界革命力量团结起来，反对帝国主义的侵略》（1948年11月）一文中写道："十月革命的光芒照耀着我们。苦难的中国人民必须求得解放，并且他们坚信是能够求得解放的。一向孤立的中国革命斗争，自从十月革命胜利以后，就不再感觉孤立了。我们有全世界的共产党和工人阶级的援助。"

第二，十月革命促使中国产生了一批具有初步共产主义思想的知识分子，他们开始学习、研究和宣传马克思主义，这就为马克思主义中国化的开启准备了最重要的条件。我们知道，马克思主义中国化的实质，是把马克思主义的基本原理与中国革命的具体实际相结合。而如果没有对马克思的学习、研究和宣传，人们就难以知道什么是马克思主义，因而也就谈不上把马克思主义与中国革命的具体实际相结合，马克思主义中国化当然也就无从谈起。从十月革命后的情况看，学习、研究和宣传马克思主义，是以李大钊、陈独秀为代表的中国先进分子所着力倡导并身体力行的。1919年9月，李大钊在《我的马克思主义观》一文中的相关论述，很有代表性。他指出：马克思主义为"世界改造原动的学说"，从而肯定了马克思主义具有普遍的指导意义。也正因为如此，李大钊告诉大家："'马克思主义'既然随着这世界的大变动，惹动了世人的注意，自然也招了很多的误解。我们对于'马克思主义'的研究虽然极其贫弱，而自1918年马克思百年纪念以来，各国学者研究他的兴趣复活，批评介绍他的很多。我们把这些零碎的资料，稍加整理，乘本志出'马克思研究号'的机会，把他转介于读者，使这为世界改造原动的学说，在我们的思辨中，有点正确的解释，吾信这也不是绝无裨益的事。"在李大钊的大力倡导下，一批先进的知识分子，通过组织社团、创办刊物、开设课程、创办工人夜校等，开始了对马克思主义的学习、研究与宣传。如1918年4月，毛泽东、蔡和森等在湖南长沙组织成立了新民学会，它成为我国五四运动前后影响最大的一个革命团体及湖南传播马克思主义和反帝反封建的中心；觉悟社，成为天津传播马克思主义的和反帝反封建的中心；五四运动前后，恽代英、林育南等在湖北组织了互助社、利群书社和共存社等进步团体，传播马克思主义。从1919年起，李大钊先后在北京大学、北京女高师、朝阳大学等校开设有关马克思主义理论的课程，不遗余力地向在校学生宣传马克思主义学说；1920年3月31日，李大钊在北京大学秘密发起组织马克思主义研究会，以研究和宣传马克思主义的著述为主要目的。可以说，李大钊、陈独秀等中国先进分子对学习、研究和宣传马克思主义的倡导及其身体力行，为中国的马克思主义思想运动指明了正确的方向，这对实现马克思主义中国化具有长久、深远的指导意义。

第三，在马克思主义与中国工人运动相结合的进程中，中国先进分子创建了中国工人阶级的先锋队——中国共产党。这是中华民族发展史上开天辟地的大事。马克思主义认为，工人阶级政党的产生，需要具备"工人运动与社会主义的结合"这一基本条件。十月革命后，随着马克思主义在中国的传播，一批具有初步共产主义思想的先进分子，即逐步开始运用马克思主义观察和分析世界和中国的问题。

1918年11月和12月，李大钊先后写作了《庶民的胜利》和《Bolshvism的胜利》两文，并都发表在1919年1月的《新青年》第5卷第5号上。1月1日，他在《每周评论》第3号上发表了《新纪元》一文。从这三篇文章中，我们已能清晰地看出李大钊运用历史唯物主义观点对第一次世界大战及十月革命作出的科学分析与评介。他指出："原来这回战争的真因，乃在资本主义的发展"，"是资本家的政府想靠着大战，把国家界限打破，拿自己的国家做中心，建一世界的大帝国，成一个经济组织，为自己国内资本家一阶级谋利益"。李大钊并说明，正因为"俄、德等国的劳工社会"，首先看破了资本家的政府的野心，因此，他们"不惜在大战的时候，起了社会革命，防遏这资本家政府的战争"。他认为，"这亘古未有的大战，就是这样告终。这新纪元的世界改造，就是这样开始"。他由此预言，"俄国的革命，不过是使天下惊秋的一片桐叶"，"试看将来的环球，必是赤旗的世界"！李大钊还指出：俄国的Bolshvism"就是革命的社会主义"；持这一主义的Bolshviki"是奉德国社会主义经济学家马客士（马克思）为宗主的；他们的目的，在把现在为社会主义的障碍的国家界限打破，把资本家独占利益的生产制度打破"。在学习、研究、宣传和运用马克思主义的实践中，李大钊的马克思主义理论水平日益提高。特别是，他从多方面论述了学习和运用马克思主义一定要结合本国具体实际的问题。如他指出："一个社会主义者，为使他的主义在世界上发生一些影响，必须要研究怎么可以把他的理想尽量应用于环绕着他的实境。"他要求大家："应该细细地研究马克思的唯物史观，怎样应用于中国今日的政治经济情形。详细一点说，就是依马克思的唯物史观以研究怎样成了中国今日政治经济的情状，我们应该怎样去作民族独立的运动，把中国从列强的压迫之下解放出来。"

在中国先进分子学习、研究、宣传和运用马克思主义的实践中，1919年发生的五四爱国运动，以其彻底地、不妥协地反对帝国主义，彻底地、不妥协地反对封建主义的姿态，成为中国新民主主义革命的开端。其中起决定作用的因素，一是有了马克思主义的思想指导；二是中国工人阶级第一次作为独立了的政治力量登上历史舞台，从而揭开了中国工人阶级领导中国革命的序幕。

五四运动从思想上、干部上直接为中国共产党的成立作了准备。五四运动后，1919年下半年，李大钊、陈独秀等人同胡适所宣扬的改良主义进行了有理有力的论争，阐明了中国的问题必须从根本上寻求解决的历史唯物主义的革命主张。1920年11月—1922年夏，陈独秀、李大钊、李达、蔡和森等，同张东荪、梁启超所吹捧的"基尔特社会主义"进行了论争，比较深刻地批驳了张、梁极力反对在中国宣传马克思主义和建立无产阶级政党，而宣扬通过消极静待资本主义的兴起和发展，来使中国实现社会主义的主张。在中国共产党成立前后，陈独秀、李达、施存统、蔡和森、李大钊等还围绕着革命的形式、国家的本质等问题，对无政府主义的错误主张进行了严肃的批判，从而帮助大批激进青年比较清楚地区分了马克思主义和无政府主义的界限。许多曾经的无政府主义者放弃了错误信仰，选择了科学社会主义，其中并有一批人后来成长为英勇的共产主义战士。

"十月革命帮助了全世界也帮助了中国的先进分子，用无产阶级的宇宙观作为观察国家命运的工具，重新考虑自己的问题。走俄国人的路——这就是结论。"这段话阐明了三个重要观点：（1）十月革命对中国产生影响的核心因素是"给我们送来了马克思列宁主义"；（2）"用无产阶级的宇宙观作为观察国家命运的工具"，是十月革命给予中国人民的最根本的帮助；（3）基于前两点，这里所说的"走俄国人的路"，指的是走十月革命所昭示的社会主义发展方向之路。

第二章 《我的马克思主义观》的思想渊源

时势造英雄,是历史唯物主义基本观点。在我们这个既有悠久历史、灿烂文化而又命运多舛、苦难深重的国度里,才诞生出李大钊这样为长夜难明的赤县拨云破晓的杰出人物。先进思想从来都产生于先进生产力和雄厚的文化积淀的基础之上,而不可能出于愚昧、落后的土壤之中。当近代想救亡图存的中国人试图向西方学习、寻求救国真理的时候,李大钊率先接受了马克思主义,了解了马克思主义思想是真正的先进思想。20世纪初科举被废,中国大地上出现以新学为主的洋学堂。李大钊成为第一代洋学生。当时国人见日本学西方能迅速富强,在日俄战争前后有数万青年赴东瀛求学,李大钊也在其中。虽然日本侵略中国为祸最烈,不过中国留学生在那里接触到先进的文化,并萌发了最早的理性的反帝革命思想。中国的新思想先驱最先看到的马列主义著作，也是日文的译本，李大钊又是其中最光辉的代表。李大钊在生产力发达的国度的所见，与神州故园的悲惨境遇形成强烈反差。归国后他完全有条件跻身上层享受荣华，却甘心舍弃一切，宁愿奉献自身，也要点燃革命烈焰改造旧有的一切，如同希腊神话中窃来天火的普罗米修斯。

第一节 爱国主义是《我的马克思主义观》的思想源头

1889年，李大钊出生于河北省乐亭县大黑坨村，贫寒的家境，凄凉的身世成就了李大钊刚强进取的性格和慎重稳健的态度。李大钊是个遗腹子，3岁丧母，无兄弟姊妹，由祖父李如珍抚养长大。祖父对李大钊疼爱有加，平时除了必要的劳动和处理家中事务尽可能和孙儿在一起，祖孙的情感由此深深建立起来，所以李大钊成年以后回顾"襁褓之中，即失怙恃，既无兄弟，又鲜姐妹"的凄惨境遇时，对祖父的养育之恩记忆犹新。6岁进私塾的李大钊在儒学经典的熏陶下长大，儒家思想中"天下兴亡，匹夫有责"的社会责任和"修身齐家、治国、平天下"的政治抱负确立了他思考问题的基本出发点。

一、根植故土的燕赵文化激发了李大钊少年的爱国主义情怀

燕赵历史文化和燕赵英雄烈士对李大钊影响甚深，李大钊爱国主义思想中彰显着燕赵豪杰的英雄气概。1905年秋天，16岁的李大钊到永平府中学学习。永平府所在的卢龙古城，自北魏以来，素为郡、州、路、府、县治所。隋开皇十八年（公元598年）始称卢龙，明清时期为永平府，此时最为鼎盛，有"京东第一府"之称。这里曾是孤竹国的国都，据当地传说，历史上的伯夷、叔齐兄弟竞相让国、不食周粟而饿死首阳山的故事，就发生在永平府辖区之内。卢龙古城内几乎到处都有古孤竹国的遗迹与传说。卢龙城里，有一个小胡同叫"夷齐里"，有一眼古井叫"夷齐井"，城东北隅的一个地方还曾建有"清节庙"；卢龙城外，远远近近的一些地方，不仅有称清节庙的夷齐庙，相传的孤竹故城，还有传说伯夷、叔齐躲在其中的首阳山，以及传有孤竹长君墓的长君山、有孤竹少君墓的少君山，并有迷谷山、夷齐读书处，等等。伯夷、叔齐在中国

传统历史文化中以有骨气著称。在永平府中学两年多的求学生涯中，卢龙悠久的历史和古代文化在李大钊心里打下了深深的烙印。李大钊和同学们受到了伯夷、叔齐故事的感染，感受到了一种义烈味极足的清风之气。

清末民初时期，李大钊的家乡临近京师重地，是满清王朝的大本营，也是帝国主义国家的侵略重点，封建主义和帝国主义的双重压迫使这里的人民处于水深火热之中。生于斯长于斯的李大钊自然十分了解底层人民的疾苦，随着知识的增长，阅历的丰富，思想的深化，他对劳苦大众的情感日益加深，进一步把劳苦大众的解放作为自己人生的崇高理想和奋斗的目标。李大钊目睹了在帝国主义侵略下，国家危亡的局势和社会黑暗的状况，这更激发了他的爱国热情，青年李大钊立志要为苦难的中国寻求出路。1907年，李大钊进入天津北洋法政专门学校。在北洋法政专门学校读书的六年间，李大钊在筑声剑影楼写下了许多壮怀激烈的爱国诗文。筑声剑影楼是李大钊在北洋法政专门学校时自用的斋名。战国末年，燕国义士高渐离善击筑，曾于易水河畔和歌送荆轲入秦。秦国灭燕国后，高渐离隐姓埋名。秦始皇使人熏瞎高渐离的双眼，置于宫中击筑。高渐离于筑内暗藏铅块,扑击秦始皇,未中,被杀。"筑声"之意,取于战国时代燕国义士高渐离以筑击秦始皇的故事;"剑影"则出自燕国义士荆轲刺秦的典故。李大钊将自己读书写作的小楼自命名为"筑声剑影楼",这表明他当时忧国忧民,崇尚侠义,崇尚燕赵文化的慷慨悲歌,立志推翻封建专制统治的强烈愿望。

李大钊的爱国主义思想是特定历史条件下在燕赵文化沃土中成长起来的,它既吸收了燕赵历史文化中积极的成分,又接纳了近代思想理论精华——马克思列宁主义,其实质是共产主义的爱国主义。像古往今来无数燕赵志士英烈那样,李大钊为了救国救民,慷慨赴死,义无反顾,更增燕赵文化的慷慨之气。

首先,李大钊的爱国主义思想发源于中国传统历史文化,特别是燕赵文化,深深植根于燕赵文化沃土和中国民众之中。他从小入私塾,读的是四书经史。其祖父李如珍一心盼望李大钊通过应试科举,升官发财,显亲扬名,走封建士大夫的道路。这是旧中国许多读书人心目中最佳的价值取向和孜孜以求的目标。燕赵文化,特别是乐亭地域历史文化中更突出了这一特点。到近代，西方资本主义的新学传入中国，科举制度被废除，一代知识分子中大多数人逐渐转向热衷于西方文化。但李大钊投身革命事业，不是以个人或个性解放为出发点，强烈的爱国主义精神使李大钊把祖国和人民的利益置于个人利益之上，以挽救国家民族的危亡为己任，同情人民疾苦，与人民共命运，推动他为救国救民而孜孜不倦地追求真理。李大钊的爱国主义思想在同情身边的劳动人民中萌发，进而扩展到忧国，表现了传统知识分子经世济民、心忧天下的可贵品格，但李大钊没有停留于传统爱国主义，而是逐步接受了马克思列宁主义，把燕赵文化中忧国忧民的优良传统发展成为马克思主义的无产阶级爱国主义。爱国主义就要求在祖国危难之时，担当起救国重任。但是怎样救国，不同的阶级和阶层，有不同的答案。由此可见，他在选择报考学校时，就确立了"挽救民族，振奋国群"的远大目标，已超越了封建时代知识分子"学而优则仕"的价值取向。

其次，燕赵文化的突出特点是"慷慨悲歌"，不惜身家性命以赴国难。燕赵历史上有无数志士，如刺秦王的荆轲、高渐离等，他们以"萧萧兮易水寒，壮士一去兮不复还"的英风豪气流传千古。但以往历史上的燕赵壮士，是效命于某个统治者，并不是站在为天下穷苦百姓的角度。而李大钊的献身革命、英勇就义是为了拯救中华人民大众。接受了马克思主义之后，李大钊的爱国思想得以发展升华，他的爱国主义胸怀，远远超越了往昔历史上所谓燕赵义士、侠客的狭隘爱国主义。

再次，燕赵风骨是燕赵文化中光辉的一面。李大钊一生奋斗的实践，使燕赵风骨更加光彩照人。李大钊一生光明磊落，"铁肩担道义"，不屈服于权贵，不妥协于黑暗恶势力，铁骨铮铮，丹心可昭日月。李大钊被奉系军阀逮捕后，一身正气，首登绞刑架，慷慨赴死，燕赵义士的风骨、共产主义战士的铮铮铁骨，体现于李大钊一身。综观李大钊一生，他首先是一个伟大的爱国主义者，最终成长为共产主义者。他的爱国主义思想植根于燕赵文化沃土，又一生追求真理，接受了马克思主义，成为伟大的共产主义战士。他对故乡、对燕赵地域历史文化爱之尤深，对共产主义信之弥坚。他将他的鲜血和生命献给了中华民族的解放事业，献给了共产主义事业。燕赵文化中的优良传统孕育了李大钊的爱国主义思想。

1913年4月李大钊在其所作的《大哀篇》中，列举封建军阀祸国殃民的滔天罪行，痛斥他们只知争权夺利而不顾人民死活，"但见吾国之所谓党者，敲吾骨吸吾髓耳。夫何言哉！"1913年11月所作的《游碣石山杂记》一文，热情讴歌祖国的壮美山河，控诉敌寇残暴的无耻行径，表明了自己立志救国的爱国主义思想。正是有了这样的思想基础，当以解放全世界被压迫阶级为宗旨的马克思主义传入中国时，李大钊才以极大的热情和坚决的态度接受和传播它。

二、"深研政理"是李大钊接受马克思主义的直接原因

李大钊爱国主义思想的根本特点，是立志通过"深研政理"来救中国。对此，他在生命最后时刻的《狱中自述》中有过诚挚的表述。他说："钊感于国势之危迫，急思深研政理，求得挽救民族、振奋国群之良策。"因此，"乃赴天津投考北洋法政学校"。通过在校学习，"随政治知识之日进，而再建中国之志趣亦日益腾高"。六年学习，李大钊感到仍未满足他"深研政理"的愿望，于是不顾家事之累与仕途诱惑，赴日本继续求索。他说："毕业后我仍感学识之不足，乃承友朋之

助，赴日本东京留学，入早稻田大学政治本科。留东三年，益感再造中国之不可缓。"应该说，留东三年，是李大钊真正能够称得上"深研政理"的最重要的一个阶段。

回国以后，李大钊继续"深研政理"，继续回答"再造中国"的重大理论问题，直至找到马克思主义。由此可见，李大钊立志"深研政理"，是他走上为中国革命开辟历史新纪元之路的关键，也是他新爱国主义思想的一个根本性特点。李大钊以"深研政理"为特点的爱国主义，是中国现代爱国主义的新阶段。

诚然，对于中国这种历史悠久、人口众多的泱泱大国而言，如果在历史的转型变革时期在基本的思想理论方面缺乏坚实的、强有力的指引与支撑，势必很难凝聚人心、破除阻力，以实现真正民族独立、国家富强的目标。李大钊正是敏锐地发现近代兴起的以"救亡"为急务、以建立现代国家为宗旨的爱国主义，在强盗横行的世界面前其思想理论基础已显现出严重不足，已不能应时需，才立志要自己"深研政理"，以求在一些根本性的理论方面对救国问题有新的更好的解决。李大钊立志"深研政理"的实质是科学理性的爱国主义，是对近代基于国破家亡而自然生成的爱国情绪的超越。

在近代中国众多的有志报国的优秀人物中，像李大钊这样立志以"深研政理"作为救国的根本之图的选择，可谓寥寥！在强悍的帝国主义面前，在中华民族生死存亡的紧要关头，追求强兵救国、强商救国、实业救国、教育救国、国会救国、立宪救国、革命救国、国粹救国以至医学救国、文学救国、体育救国、拳术救国，等等，则不可胜数，灿若群星。李大钊在1907年就作出立志"深研政理"的救国选择，这不能不说是中国现代思想史上首倡科学理性爱国的先声。

李大钊科学理性爱国的实质在1915年发表的《厌世心与自觉心》一文中表述得更为成熟和明确。他针对陈独秀在爱国问题上的困惑与悲观，明确提出自觉地爱国也就是理性地爱国的真正含义。他说，爱国"诚当自觉"，但"自觉之义，即在改进立国之精神，求一个可爱之国家而爱之"。这个表述，是他科学理性爱国的基本思想纲领。李大钊的这种科学理性的爱国思想，由于是在与陈独秀的辩论中表述的，所以，他在实际上也就做到了"己立立人，己达达人"。几个月后，陈独秀终于一扫爱国问题上的困惑与悲观，决然从日本回国，创办起《青年》杂志（后改名《新青年》），勇敢地发动以思想启蒙也就是科学理性为特点的新文化运动。中国的现代爱国主义从此发展到由李大钊所首倡的科学理性的新阶段，为马克思主义在中国的传播与中国共产党的诞生准备了条件，开辟了道路。

三、研究世界是李大钊马克思主义观形成的重要条件

爱国救国必须研究世界，这是李大钊的信条。李大钊对世界问题的关注是从第一次世界大战爆发时候开始的。李大钊在战争刚开始的时候认为第一次世界大战是"军国主义"、"官僚主义"对"民主主义"的宣战，认为协约国参战是为了自由，说："欧人不避此辛苦勇往奋进以赴者，则欧人须得自由之努力矣"，"世每谓欧战为了专制与自由之争，而则德国，代表专制，而协约国代表自由"。而且他对美国还抱有好感，说美国是爱好和平的国家，美国总统威尔逊"夙以酷爱和平闻者也"。他相信"和平之曙光，必发于太平洋之东岸，和解之役，必担于威尔逊双肩也"。随着战争的推进，他逐渐改变了自己的看法，认为战争是一场帝国主义的战争，在

《bolshevism》提出："欧战是kings的战争，是emperors的战争，是czar的战争，是kaiser的战争，是资本家政府的战争。"战争的原因是资本主义的发展，需要扩大市场与殖民地，所以此次战争是帝国主义之间的一场掠夺与侵略战争。

基于这样的认识，第一次世界大战对李大钊产生了深刻的影响，促使李大钊反对日本帝国主义的情绪高涨，他大肆揭露日本对中国的侵略。在《大亚细亚主义与新亚细亚主义》中说，"第一，须知'大亚细亚主义'是吞并中国的隐语。中国的命运全靠着列强的均势才能维持，这也不必讳言，日本若想独吞，非先排去这些均等的势力不可。想来想去，想出了这个名词。表面上只是同文同种的亲热语，实际上却有一种独吞独咽的意思在话里包藏。第二，须知'大亚细亚主义'是大日本主义的变名，就是日本人要借亚细亚孟罗主义一句话，挡欧美人的驾。不令他们在东方扩张势力。亚细亚的民族都听日本人指挥，亚细亚的问题都由日本人解决，日本做亚细亚的盟主，亚细亚是日本的舞台。那时候亚细亚不是欧美人的亚细亚，也不是亚细亚人的亚细亚，简直就是日本人的亚细亚。这样看来，这'大亚细亚主义'不是平和的主义，是侵略的主义；不是民族自决主义，是吞并弱小民族的帝国主义；不是亚细亚的民主主义，是日本的军国主义；不是适应世界组织的组织，乃是破坏世界组织的一个种子。"这篇文章很明白地揭露了日本对中国的侵略野心。其后他还警告日本人停止其侵略行径，否则会作茧自缚。他在《日本人听者》一文中引用法国文学博士的话说："在亚细亚内有奴隶国的期间，其他亚细亚诸国亦绝不是自由国。在亚细亚内有受轻蔑的国的期间，其他亚细亚诸国亦绝不能得人尊敬。诸君真愿得世界的尊敬，诸君不可不使其他亚细亚诸国，也可为被尊敬的国。而为他日一切的亚细亚诸国得自由，诸君子不可不先作最初的解放者。因为束缚他人同时自己也受束缚。"这些文章说明李大钊对日本帝国主义妄图侵略中国，变中国为自己的殖民地的狼子野心有着清醒的认识。李大钊通过这些文章强烈谴责日本对中国与亚洲其他国家的侵略，警告日本停止其侵略行径。

一战前，由于受辛亥革命的影响，李大钊和当时许多资产阶级知识分子一样，有一个"民主共和"的政治理想，希望中国建立一种类似于欧美国家那种民主政治，实现民族富强。他在《论官僚主义》中说："即美以平民政治号于世界，近亦悟官由民选之害，而亦急于规定任官制度，则侈谈民政而斥官僚主义者，亦可醒然悟矣！"这段话可以看出他对官僚政治的痛斥和对民主政治的向往。但是第一次世界大战使李大钊对西方帝国主义国家的侵略本质认识得更清楚，并进而强烈反对帝国主义国家的强盗政治，李大钊的这种思想在他的《秘密外交与强盗政治》一文有明确的表现。

  第一次世界大战导致李大钊的政治信仰发生了极大的变化，认清了欧美式的民主政治的虚伪性，因而从1917年2月起，李大钊就开始研究欧战特别是俄国正在兴起的革命潮流，这成为李大钊的马克思主义观形成的先决条件。

第二节　民主主义是《我的马克思主义观》的思想启迪

  1914年元月至1916年5月，李大钊在日本留学的经历，使他摆脱了"言治"拥袁思想体系的束缚，大踏步前进，成为激进民主主义者，为日后向马克思主义者转变奠定了基础。

  目前，学术界有一种观点认为，马克思主义主要从日本传入中国,这一观点在中日两国的学术界都有一定认同。但是对于李大钊如何接受马克思主义并成长为一个马克思主义者,仍然还有一些争议,特别是对李大钊接受马克思主义的来源和时间还有很多不同的理解。很多人认为李大钊最早接受马克思主义思想是其留学日本期间,这当然有李大钊本人在《我的马克思主义观》当中直言其观点来自于日本学者河上肇的原因,但更主要的原因恐怕是很多学者仅仅看到了李大钊留学日本的思想意图,而没有真正着眼于李大钊在日本留学期间的实际状况。实际上,现今没有确切的史料能证明李大钊在留日期间接触了马克思主义,并有了初步的马克思主义思想。

一、留日经历成就李大钊的民主主义思想

李大钊前往日本的时间是在1913年底至1914年1月之间。抵东京后住进了该市牛达区的中华基督教青年会馆,后来在早稻田大学读书期间他也一直住在这里。这所坐落在距早稻田大学西南方不远的会馆,始建于1906年。中华基督教青年会馆,是英美等国为打破日本对中国留学生教育的垄断,抓住日本取缔中国留学生事件的时机,通过上海基督教青年会兴建的。李

大钊到东京后，1914年9月才入早稻田大学。这段时间里，他一面广泛收集资料，研究国内外形势，写出《风俗》、《政治对抗力之养成》等论文，同时又利用会馆提供的方便，为入学作准备，其中包括参加会馆的英语补习。这个会馆后来在反对"二十一条"斗争中，成为留日学生集会的场所。

1915年2月11日留日中国学生在这里召开大会，通过决议，宣告留日学生总会的成立。这里也是后来反袁斗争的活动基地，留日爱国学生利用基督教会的掩护，展开反对帝国主义和封建专制的斗争。

1914年9月8日，李大钊来到早稻田大学，成为该校大学部政治经济科的一名新生，至今在早稻田大学保留的《李大钊学籍表》，记载着当时的情形。早稻田大学作为日本的知名学府，其入学资格相当严格。该校规定，中学毕业生被录取后，必须经过一年半的高等预科，再经考试合格方能入大学本科。但李大钊没有经过预科直接进入大学本科，显然是校方承认了他经永平府中学毕业后，又取得北洋法政专门学堂政治经济本科毕业的这一"入学前学历"。

李大钊在日本做的最主要的也是最重要的事是反对亡我中

华的"二十一条",他以强烈的爱国思想和献身精神投入挽救祖国危亡的斗争当中,成为留日学生总会的领导成员之一。

1915年1月18日,日本大限内阁向中国提出"二十一条"的要求。这一秘密披露后引起了留日中国学生的极大震动,各省积极分子立即行动,准备召开大会。2月11日下午,留日中国学生两千余人,冒雨在中华基督教青年会馆举行全体大会,抗议日本帝国主义的侵略,讨论挽救办法,最后通过五条决议:(一)致电政府强硬拒绝其要求并发布其条件公之人民;(二)以文字警告及励导海内外国民;(三)留日学生对外之宣言;(四)设立分机关于京沪,以便进行一是;(五)准备归国之办法。这次会议产生了留日学生总会并推举出它的执行机构,以沈定一为干事长、陈仁为副干事长,成立了总务、文事、会计、交际、调查各部,李大钊为文事委员会编辑主任。会后总会办事机构就大会决议逐项落实,推出驻京、驻沪代表,回国向政府转达留日学生要求,组织国民大会,敦促抵制日货,进行留日学生罢学归国的准备,等等。李大钊泣血陈词的《警告全国父老书》,就是根据大会决议第二条,为警告和励导国民而写的。文中反映了留日学生"羁身异域,切齿国仇，回望神州，仰天悲愤"的心情，介绍披露了东西报端的"二十一条"的内容，控诉日本恃强胁迫无理要挟的侵略野心，要求政府秉国民公意，拒绝日本要求，全国人民举国一致作政府后盾。但是，这次留学生的爱国行动却遭到袁世凯政府的镇压，以"意在煽动滋事"、"妨治安"而严令总会解散。爱国学生这时受到来自日本政府和袁政府的两面夹击，终于"欲寻一开会地点而不得"。这使本来希望作政府后盾，一致团结御侮的李大钊及爱国学生们在心理上受到极大打击。

1915年5月7日，日本提出最后通牒，9日袁政府承认日方条件，25日"二十一条"签字。这时留日学生总会迫于亡国危机，不顾袁政府的取缔，继续进行救国活动。同年6月，李大钊编辑了总会的出版物——《国耻纪念录》。他为本书撰写的《国民之薪胆》一文，详细记述了日本进兵山东和提出"二十一条"的过程，要求人民痛自奋发，磨炼坚忍不拔、百折不挠的志气，挽救国家于危难之际。1915年底爆发的护国战争，再次振作起留日学生的斗争精神，总会于1916年1月1日召开大会，重新组织执行机构，出版机关刊物。这前后李大钊主持编辑了《民彝》杂志，在创刊号上发表深刻阐述唯民主义思想的论文《民彝与政治》，从而也使我们了解到该杂志"民彝"这个名称的由来。《民彝》杂志不仅保存了留日学生总会的会务、组织、财务等详细资料，也记载了留日学生从反日到反袁的整个斗争过程。留学期的李大钊，在广泛接触各种社会思潮的思想撞击中，在挽救祖国危亡的斗争实践里，摆脱了"言治"时期改良主义的束缚，逐步确立了具有自己特点的革命民主主义思想体系。

二、日本思想界的社会主义思想对李大钊的影响

1915年7月5日，李大钊在早稻田大学修完第一学年。《早稻田大学进级成绩表》载入了他第一学年必修11门课程的考试成绩，平均66.9分，名次第40，评定为丙。这次考试，在同年级106人中，有6人不及格，37人未考足科目需补考。而李大钊当时并没有专心学习，他积极参加反对"二十一条"斗争，并担任留日学生总会文事委员会编辑主任，起草各种文告，编辑《国耻纪念录》。能够完成全部课程的考试，这已经充分表明了他的坚强毅力和勤奋精神。李大钊在早稻田大学第

二学年，有16门必修课，6门选修课。必修课有国法学、行政法泛论、政治学史、财政学、货币与信用论、工业政策、农业政策、社会政策、经济史、最近政治史、文明史、民法要论、统计学、政治经济学和古典政治经济学原著研究、格廷库斯社会学基础。选修课有经济学原理（补讲）、经济财政、都市问题、保险政策、第二外语和特别讲义。学习任务更加繁重。

1916年初护国战争爆发，李大钊也全力投入了这一运动，终于无法兼顾在大学的功课。因此在第二学年，他实际只学了四个月。但后来他与清水安三谈到对早期社会主义者安部矶雄的深刻印象，表明他在1915年下半年（即第二学年上期）不仅学了必修课，而且选修了安部主讲的"都市问题"。他于1916年1月底，为联络讨袁事宜临时回到上海，两个星期后返回东京。但早稻田大学已以"长期欠席"为理由于1916年2月2日将其除名。李大钊此后离开中华基督教青年会馆，住到东京郊外高田村月印精舍，从事《民彝》杂志的编辑和《民彝与政治》、《青春》等文的写作。早稻田大学的校规本来相当严格，特别是李大钊作为留日学生总会的领导成员，其激烈抨击日本帝国主义的文字见诸报章，当然不会得到早稻田校方的宽容。因此李大钊之被开除学籍，"长期欠席"不过是个借口。

那时早稻田大学校方的政治倾向是很保守的，该校校长大隈重信于1914年春当上日本内阁首相，企图灭亡中国的"二十一条"，就是大隈主持内阁期间提出的。极力为袁世凯制造复辟舆论的有贺长雄，即是大隈应袁世凯之请派往中国出任的公府顾问，也是李大钊第二学年国法学课程的教授，但从时间上推算，有贺当时正在中国，李大钊没有可能听到他的课。另外，还有任国家学原理的教授浮田和民、经济学原理教授盐泽昌贞等，作为大隈的亲密助手，也都是直接参与策划日本政府大亚细亚主义政策的人物。

我们很多学者认为李大钊在留日期间接触了马克思主义思想是因为这一时期日本民主主义思潮兴起，日本出现了许多知名的社会主义者。李大钊在北洋法政学堂的老师吉野作造，这个时期几乎在每期的《中央公论》上，都有他批评日本政府对朝鲜和中国侵略政策的论文。幸德秋水、安部矶雄与片山潜于1901年创立日本社会党，他们带有浓厚宗教和自由主义色彩的早期社会主义思想，已经在社会上产生广泛影响。还有在大正民主主义运动中"自由民权说"的著名代表美浓部达吉，也曾经担任李大钊"帝国宪法"课程的教授。所以，包括留学日本前，留学日本期间和留学后的一段时间，从思想上来看，李大钊接触到了社会主义者和社会主义思想是必然的，但是这些思想并没有引起他的太多关注。当时日本著名的社会主义者有吉野作造、幸德秋水、安部矶雄等，尤其是幸德秋水的地位很高，甚至有些资料把他提高到了和释迦牟尼、卢梭并列起来的地位，可以说李大钊在1912年前后应该已经对日本的社会主义者幸德秋水有了印象，也接触到了社会主义这一概念。但是如果说李大钊在此时就已经具有了初步的马克思主义思想，并进而得出在中国的马克思主义的传播是源于日本，则未免也太过牵强附会。因为从李大钊当时的行动和思想轨迹上来看李大钊在日本期间并没有明显受到社会主义思想和马克思主义思想的影响。

为什么李大钊在日本期间没有明显地受到社会主义思想和马克思主义的影响？

首先，是由于日本思想界当时的状况。在日本，社会主义思想在20世纪初是夹杂在其他思想中开始传播的，其传播深度和广度都远远不如欧洲，而且日本并没有一个很有深度、有造诣的马克思主义者。幸德秋水接受美国的无政府主义，片山潜坚持第二国际主张的议会道路，安部矶雄是一个虔诚的基督教徒，他们研究社会主义、相信社会主义不完全是对马克思主义的信仰。尤其是1910年日本发生的"大逆事件"（部分社会主义者计划刺杀天皇而使几百人被逮捕，26人被起诉，24人被判处死刑，第二年幸德秋水等12人被处死），使刚刚开始的社会主义和马克思主义思想的传播遭受巨大打击，日本当时的工人运动进入了长达十年的严冬期。"大逆事件"标志着统治者进一步反动化，这次事件给日本知识界以极大的震动，加速了知识分子的分化。日本的社会主义思想传播受到来自整个社会的压制。日本政府也借助这一时机使国民对社会主义者产生了恐怖心和憎恶感。况且当时社会主义者之间在思想上还有很多具体差别，不能把社会主义者的思想和马克思主义直接画上等号。如当时安部矶雄所传播的是"宗教社会主义"；而吉野作造在"二十一条"事件中也是一个非社会主义的态度，他发表文章，支持日本对中国的控制和掠夺，认为"这次的要求是最小的限度"而且"时机也是恰到好处"，希望日本在欧洲列强瓜分中国的时候有所"作为"。而李大钊在《我的马克思主义观》中提到的日本学者河上肇当时有一年多的时间出国留学，与日本国内学术界联系较少。

其次，应该注意到李大钊个人的因素。李大钊在日本留学期间的主要精力并不完全在早稻田大学的学习上，更不会更多关注日本的社会状况，他更多的精力在于关注国内的局势和参与国内的斗争，他的交游范围主要也是中国人。所以他会不顾早稻田的规定而不断旷课，最终导致停学。从他本人的思想发展来说，他当时的主要理论困惑是如何完成民主主义思想的系统化。完全接受社会主义和马克思主义思想对他来说还是遥远的事情。

再次，从李大钊的个人情感上来说，对日本的思想和学说的关注肯定要比对国内社会状况的关注要低得多。他在日本期间，是以自己的独立判断接受来自各方的影响，并按照自己的需要加以吸收，并且一切目的是国内。可以说李大钊当年去日本留学还带有"师夷长技以制夷"的痕迹，这和后期其他的共产党人到西方去寻找马克思主义完全不同，否则，李大钊也不会那么不在意在早稻田大学的学习了。到目前为止，还没有确切史料能够证明这个时期李大钊直接阅读了马克思主义著作。

如果说对中国来说马克思主义在中国的传播是日本先于俄国，那也仅仅是指时间上，针对于思想来说，俄国肯定优于日本。而且，这也有一定的历史原因，中日之间由于文化上的原因，加上同属于亚洲国家，自古往来频繁，交流密切，日本出现了马克思主义和社会主义思想，中国人率先了解，也是情理之中的，并不是由于日本在这个问题上有自己的建树和创造。

第三节　十月革命的实践是《我的马克思主义观》的思想催化剂

1916年5月，李大钊从日本回国。应该肯定的一点是，李大钊并不是带着马克思主义理论和完整的救国救民的方案回来的。这时的李大钊还是一个民主主义者，对资产阶级的民主共和还有着一定的幻想。如果说李大钊从日本回国旨在"青春再造中国"，但回国之前，李大钊未必对"青春再造中国"有确切的想法。李大钊的求学经历并不复杂，日本是李大钊研究世界的第一个窗口，不管这个窗口对李大钊来讲开阔了多宽的视野，对于善于学习的李大钊来讲，都对他的思想产生了一定的影响。

由于孜孜不倦地吸收各种进步思想，从日本回来时的李大钊的理论功底已愈加深厚，政治思想也是领先于同时代的其他人的。

马克思主义思想作为人类思想发展的最高理论成就，需要有相当理论素养的人才能接受它。当时的李大钊理论功底深厚加上强烈爱国思想和社会责任感这种和马克思相近的知识背景为他真正理解马克思的学说创造了必要的先决条件，这种条件是当时的其他知识分子所不具备的。因此，李大钊比其他任何人都作好了接受马克思主义的准备。当十月革命的炮声传来，李大钊最早认识到了它伟大的历史意义，为苦难中的中国找到了一条光明的出路，即马克思主义。

在《我的马克思主义观》发表之前，李大钊已经从十月革命的胜利看到了世界未来的发展趋势，看到了解决中国问题的一线光明，所以李大钊的马克思主义观的形成是经历了一个过程的。

一、讴歌十月革命

十月革命的胜利对李大钊的影响甚深。正像恩格斯认为的那样，"共产主义不是学说，而是运动；它不是从原则出发，而是从事实出发"。既然马克思主义的创立者们都不认为自己创立什么理论体系,而仅仅是注重研究现实课题的革命的实践,对于李大钊来说,列宁领导的十月革命的实践对他的影响很显然要胜过日本的次生态的社会主义理论。这一时期他的思想仍然是以民主主义为主,但社会主义思想开始掺杂在其中。二月革命爆发后,李大钊发表了《俄国革命之远因近因》,然后连续写作了四五篇关于欧洲各国社会党的文章。虽然如他所说:"吾之所述,雅无伦次,但期将其梗要粗陈于读者之前,俾助研究之资料而已矣。"但是可以看出这次革命带给他的影响是很深刻的,社会主义思想开始对他产生了明显的影响。

以1918年7月1日《法俄革命之比较观》的写作为起点,到1919年10月《我的马克思主义观》写作以前,共一年多的时间,这一阶段,李大钊更多地接触了社会主义思想并对马克思主义有了初步的认识。从世界历史的高度对社会主义思想和马克思主义进行了把握,把社会主义理解为世界发展的一个必然趋势并开始用社会主义思想和简单的马克思主义基本原理去理解社会现象。

李大钊在写作《法俄革命之比较观》前,把俄国的社会主义革命还放在资产阶级民主主义的方向上来理解,如他在1917年写作《俄国大革命之影响》一文中说:"今以俄人庄严璀烂之血,直接以洗涤俄国政界积年之宿秽,间接以灌润吾国自由之胚苗,使一般官僚耆旧,确认专制之不可复活,民权之不可复抑,共和之不可复毁,帝政之不可复兴。"十月社会主义革命发生半年多后,李大钊写作了《法俄革命之比较观》一文,对俄国社会主义革命的意义作出了准确的把握。李大钊把俄国革命和法国革命进行对比来确定这次革命的意义和地位,确认了社会主义方向是20世纪社会发展的总体方向:"俄罗斯的革命是20世纪初期之革命,是立于社会主义上之革命,是社会的革命而并著世界的革命之采色者也。"他认为俄国的社会主义革命是世界社会主义革命开始的表征,中国也将在这个方向上前进并解决自己国内的问题。所以接受十月革命所代表的社会主义思想是理所当然的事情。同时,李大钊受列宁思想的影响,认为俄国社会主义革命解决了东西方文化冲突问题,将创造出适合新世纪发展所必需的文化形式,所以俄国的文明方向代表着世界文明发展的方向。他说:"世界中将来能创造一兼东西文明特质、欧亚民族天才之世界的新文明者,盖舍俄罗斯人莫属。"所以中国的变革道路应该是："求所以适应此世界的新潮流，勿徒以目前一时之乱象遂遽为之抱悲观也。"因为有了坚定的信念，李大钊开始接受马克思主义。当然，由于资料的限制和理论基础的欠缺，李大钊接受马克思主义并开始用这些新思想来理解社会问题经历了一段时间。在《庶民的胜利》一文中，李大钊用简单的马克思主义观点分析了大战胜利的原因，把它归结为两个结果；一个是政治上的结果，专制主义的失败，民主主义的胜利；一个是社会的结果，资本主义的失败，劳工主义的胜利。他说："原来这回战争的真因，乃在资本主义的发展。国家的界限以内，不能涵容他的生产力，所以资本家的政府想靠着大战，把国家的界限打破……为自己国内资本家一阶级谋利益。"这里已经使用了简单的马克思主义观点，改变了以往只从"人"和"道德"出发去理解历史和社会问题的方式。

二、接受马克思主义

思想的传播和发展从来不是依靠强力，思想的被人认可并接受一定在于其本身的科学性、现实性、可行性。第一次世界大战帝国主义之间的相互厮杀削弱了自身的力量，由此诞生了苏维埃社会主义国家。这是个惊天动地、撼古震今的大事。尽管今天的人们仍然出于不同的目的对十月革命有各种各样的评价，褒贬不一，但十月革命客观的存在，并且不以人的意志为转移地改变了人类社会的历史，人类历史上第一次出现了无产阶级当家做主的国家。

李大钊实质性地接受马克思主义是在《Bolsheviem的胜利》一文中，此前虽然他也表述过马克思主义的一些观点，但都不是作为真正的马克思主义来看待的。在这篇文章中，李大钊第一次提到了马克思并尝试对马克思主义进行了阐述："这件功业，与其说是威尔逊等的功业，毋宁说是列宁、是马客士（马克思）的功业。"其后又说："他们是奉德国社会主义经济学家马客士（马克思）为宗主的；他们的目的，在把现在为社会主义的障碍的国家界限打破，把资本家独占利益的生产制度打破……他们的战争，是阶级战争，是合世界无产庶民对于世界资本家的战争。"他已经坚信由俄国革命所体现出来的马克思主义思想昭示着新世纪的方向："试看将来的环球，必是赤旗的世界！"当然还应该看到，这一时期李大钊的思想中并非完全以马克思主义为基础，其中还有很多民主主义的成分。虽然已经把民主主义作了社会主义方向上的理解。李大钊在自己接受社会主义思想和马克思主义的同时还通过和胡适的辩论阐述了接受社会主义理论的态度和方法。在《再论问题与主义》一文中，李大钊对接受的原则作出了自己的阐述。第一，要注意思想与现实的结合："一个社会主义者，为使他的主义在世界上发生一些影响，必须要研究怎么可以把他的理想尽量应用于环绕着他的实境"；第二，对已经确认了的理论有坚持的信心和勇气，并努力找到其中的精髓，要"研究它，介绍它，把它的实象昭布在人类社会"；第三，对马克思主义理论要给予完整的理解和应用，以求得对中国社会问题的根本解决。这一时期，李大钊由最初接受社会主义到接受马克思主义、确信马克思主义、寻找马克思主义和中国现实问题结合的方法和途径，在理论上走过了一个由浅入深的过程。马克思主义逐步成为他思想的核心内容，但是由于受资料的限制，这一时期的李大钊还没有对马克思主义作出完整的解读和把握。

　　李大钊倾向于马克思主义以后，完整地把握马克思主义的心情是比较急迫的，由于资料的欠缺，加上当时的苏俄与中国的交往途径狭窄，李大钊没有系统学过俄文，可借鉴的苏联资料极为罕见。1919年河上肇的《社会问题研究》出版并连续刊载了《马克思的社会主义理论体系》一文，就成为李大钊研究的很好的资料。在参照这些资料的基础上，李大钊写作了《我的马克思主义观》一文。这是李大钊确立马克思主义的开始，虽然他参照了河上肇等人的文章，但是并不是完全照搬来的，河上肇的文章是一个学者对一种思想的系统介绍，而李大钊更强调"我的"，也就是有了用自己的方式理解马克思主义的痕迹。后藤延子在《三个影响李大钊的日本人》一文中所说，李大钊在这里独立于河上肇文章的内容主要有：1.系统梳理了唯物史观的发展史；2.把"阶级竞争"理解为宇宙间一切生命有机体自己发展的"倾向"；3.在理解唯物史观和阶级斗争的矛盾时，没有采用河上肇的方法，而把它看作马克思主义的"瑕疵"；4.对经济决定论作出了修正的尝试；5.提出"物心两面的改造，灵肉一致的改造"的观点来补益马克思主义。

判断李大钊马克思主义观的形成确立，有两个标准：一是看他对马克思主义是否有比较全面、系统、准确的理解；二是看他能否运用马克思主义观点、方法考察中国问题，找到解决中国问题的方法。学术界一般采用前一标准，因此将《我的马克思主义观》的发表看作李大钊马克思主义观确立的标志。李大钊宣传介绍马克思主义主要不是简单为了输入理论、研究"学理"，搞思想繁荣，而是要用其作为行动指南，寻找解决中国问题的出路。所以，马克思主义在中国，一开始便是作为指导当前行动的指南而被理解、接受和运用的。李大钊也并不是通过研究学理了解马克思主义的，而主要是受俄国十月革命的启发而接受、传播马克思主义的。我们有些学者以李大钊在《我的马克思主义观》一文中只字未提列宁和苏维埃为依据，而且李大钊不懂俄文，断定李大钊此时的马克思主义思想主要来源于日本，这种看法未免表面化了。这里，我们应该看到的是李大钊毕竟是学者出身，注重研究原生态的马克思主义是他的严谨学风所致，也是他力图在理论上全面解读马克思主义以避免因理论的理解不够深刻而使中国革命出现失误的表现。

马克思主义在中国由苏联传入还是由日本传入？这不是一个似是而非、无关紧要的问题。传入的国别不同，结果可能就会不一样。由苏联传入中国，其结果是中国由此走上了民族独立发展道路，创建了中国共产党并最终走上社会主义道路；由日本传入中国的马克思主义可能只能带给中国一种思潮和学派的研究的深化，其他的结果只会很寥寥。因为十月革命对中国的启示和日本明治维新给中国的启示是不一样的。所以对马克思主义中国化的研究，还是应该特别关注于苏俄方面的影响，毕竟十月革命给中国人送来了马克思列宁主义是一种无法更改的事实。尽管我们在分析《我的马克思主义观》成文过程中，我们看到日本近代文化对中国先进知识分子具有直接的影响，但这种影响是有限度的，近代中国与日本的国仇家恨使得中国先进的知识分子在情感上对于来源于日本的所有思想不会兼收并蓄，一定是要有所剔除的。这也是李大钊尽管留学日本三年，甚至还是日本当时的社会主义者的学生，却没有明显受到社会主义思想的深刻影响，而十月革命却以一声炮响就给中国送来了马克思主义的根源。所以说那种认为中国马克思主义的真正源头在日本的观点是有悖史实的。假如马克思主义最初传入中国的路径真的是日本，就很难说马克思主义在中国是一种什么样的历史命运了。

在《我的马克思主义观》中，李大钊在系统介绍马克思主义的时候已经注意和自己原有的思想以及中国的社会现实相结合，正如他以前所提倡的"与时俱化"一样，因时、因地、因具体的环境对马克思主义作出了新的诠释。《我的马克思主义观》作为中国共产党理论的奠基之作，其写作过程可能是短暂的，但是李大钊接受马克思主义的过程是一个由浅入深，循序渐进的过程，不是一个短暂的阶段。在这个过程中，李大钊思想中原有的中国文化因素，来自日本马克思主义者的资料和中国此前来自于欧美和日本的社会主义和马克思主义的资料成了他接受马克思主义的最初、最直接的来源，但俄国十月社会主义革命和中国社会现实却成为李大钊接受马克思主义的实践要求，也是李大钊马克思主义观形成的最重要的因素。正是在这些因素的综合作用下，李大钊逐步成长为一个伟大的马克思主义者。

第三章 《我的马克思主义观》的主要观点

《我的马克思主义观》是中国第一篇比较系统完整地介绍马克思主义的著名论文。李大钊在《我的马克思主义观》一文中，对马克思主义思想体系和理论进行了系统研究和阐述。

李大钊认为，马克思主义学说由唯物史观、政治经济学和科学社会主义三部分组成，这三个部分"是完全自成一个有机的有系统的组织，都有不能分离不容割裂的关系"。

李大钊还在此文中分析了马克思主义思想体系中各个组成部分之间的关系，揭示了唯物史观、剩余价值学说以及阶级斗争学说的在马克思主义理论体系中的独特地位。他认为，"马氏的社会主义理论，可大致分为三部：一为关于过去的理论，就是他的历史论，也称社会组织进化论；二为关于现在的理论，就是他的经济论，也称资本主义经济论；三为关于将来的理论，就是他的政策论，也称社会主义运动论，就是社会民主主义。离开他的特有的史观，去考他的社会主义，简直是不可能。因为他根据他的史观，确定社会组织是如何的根本原因变化而来的；然后根据这个确定的原理，以观察现在的经济状态，就把资本主义的经济组织，为分析、解剖的研究，预言现在资本主义的组织不久必移入社会主义的组织，是必然的命运；然后更根据这个预见，断定实现社会主义的手段、方法仍在最后的阶级竞争。他的这三部理论，都有不可分的关系，而阶级竞争说恰如一条金线，把这三大原理从根本上联络起来。"由于历史条件的限制，这篇文章对马克思主义的某些观点阐述得不够完备和准确，但从总体来看，这篇文章对马克思主义体系及基本观点的理解是正确的。

第一节 马克思主义的政治经济学是一个完整的系统

由劳动价值论、剩余价值论等理论构成的马克思主义政治经济学是一个完整的系统，其中劳动价值论是剩余价值论的基础，"马氏的余工余值说"，是从他那"劳工价值论"演变出来的，而剩余价值论则是"他的全经济学说的根本观念"。剩余价值论揭示："余值既全为资本家的掠夺品，那工人分外的工作，就是余工，便一点报偿也没有。则是对工人的能力的额外的血汗税，而为资本家增加幸运，这是现代资本主义的秘密，这是资本主义下资本家掠夺劳工生产的方式。"在他看来，剩余价值论揭破了资本主义的秘密，这是突出的理论贡献，剩余价值论也因此成为马克思主义思想体系中最具特色的部分。

一、阐述了生产力、生产关系及经济基础、上层建筑间的相互关系，初步揭示了马克思主义经济学的基本原理

十月革命后，李大钊真正开始掌握马克思主义经济理论。在这之前，他虽然曾深入调查研究了政治经济学方面的科学，但那是西方资产阶级经济学，即使开始接触到马克思主义经济学说，也仅仅是从日本学者翻译的著作中获取的只言片语，并没有完整的思想。

在《我的马克思主义观》中，李大钊比较全面地阐述了生

产力、生产关系及经济基础、上层建筑间的相互关系，初步揭示了马克思主义经济学的基本原理：生产关系的总和构成社会的经济基础，经济基础决定上层建筑，生产力和生产关系这一人类社会的基本矛盾必将推动社会发展和变革。马克思认为，经济生活是一切社会生活的根本条件，物质生产是所有社会发展的最终基础。据此，李大钊分析后指出，"社会主义经济学者以为现代经济上、社会上发生了种种弊害，都是现在经济组织不良的缘故，经济组织一经改造，一切精神上的现象都跟着改造，于是否认现在的经济组织，而主张根本改造"。同时还认为，"现在世界改造的机运，已经从俄、德诸国闪出了一道曙光。从前经济学的正统，是在个人主义。现在社会主义、人道主义的经济学，将要取此正统的位系。从前的经济学，是以资本为本位，以资本家为本位。以后的经济学，要以劳动为本位，以劳动者为本位了。这正是个人主义向社会主义、人道主义过渡的时代"。

结合马克思的唯物史观，李大钊认为："人类社会生产关系的总和，构成社会经济的构造。这是社会的基础构造。一切社会上政治的、法制的、伦理的、哲学的，简单说，凡是精神上的构造，都是随着经济的构造变化而变化。"因此，物质的变动必然引起精神的构造也就随着变动。人类社会一切精神的构造都是表层构造，只有物质经济的构造是这些表层构造的基础。物质和经济可以决定思想、主义、哲学、宗教、道德、法制，等等。换句话说，每一个时代，经济上若发生了变动，思想上也必然发生变动，新思想是应经济的新状态、社会的新要求而产生的。不仅如此，"历史的唯物论者观察社会现象，以经济现象为最重要，因为历史上物质的要件中，变化发达最甚的，算是经济现象。故经济的要件是历史上唯一的物质的要件"。同时，"生产力与社会组织有密切的关系，生产力一有变动，社会组织必然随着它变动"，变动的最终结果便是社会变革。因此，马克思主张以经济为中心考察社会的变革的深层次原因。同样，李大钊也坚持这个科学的社会历史观，并将这一观点作为其对社会经济现象进行考察的锐利武器，堪称我国探索马克思主义经济理论中国化的先驱。

这里需要提及的是自从马克思主义经济学创立以来，一直存在着对它的种种误解，其中最突出的就是所谓"经济决定论"。所以恩格斯晚年的时候曾说过："我们大家首先是把重点放在从基本经济事实中引出政治的、法的和其他意识形态的观念以及以这些观念为中介的行动,而且必须这样做。但是我们这样做的时候为了内容方面而忽略了形式方面,即这些观念等是由什么样的方式和方法产生的,这就给了敌人以称心的理由来进行曲解或歪曲。"对此,李大钊十分敏锐地意识到,历史的发展固然归根到底取决于经济基础,但塑造历史进程的因素,还有非经济的物质要件,譬如民族、地理等因素,"在经济构造上建立的一切表面构造,如法律等,不是绝对的不能加些影响于各个的经济现象,但是他们都是随着经济全进路的大势走的,都是辅助着经济内部变化的,就是有时可以抑制各个的经济现象,也不能反抗经济全进路的大势"。李大钊驳斥了那种认为马克思主义学说把伦理观念抹杀一切的观点,认为马克思主义"并不排斥这个人高尚的愿望,他不过认定单是全体分子最普通的伦理特质的平均所反映的道德态度,不能加影响于那经济上厉害相同自觉的团体行动。我们看这建立于阶级对立的经济构造的社会,那社会主义伦理的观念,就是互助、博爱的理想,实在一天也没有消灭,只因有阶级竞争的经济现象,天天在那里破坏,所以总不能实现"。因此,李大钊指出:"我们主张以人道主义改造人类精神,同时以社会主义改造经济组织。不改造经济组织,单求改造人类精神,必致没有效果。不改造人类精神,单求改造经济组织,也怕不能成功。我们主张物心两面的改造,灵肉一致的改造。"由此可见,李大钊实际上已经注意到历史是由多种因素造成的,经济因素并非在任何时候和任何场合都是影响历史进程的唯一决定性因素,任何将其绝对化的观点都是错误的,应对其作用进行辩证的考察。

二、阐述剩余价值理论,揭露资本主义经济制度的罪恶

李大钊在《我的马克思主义观》一文中,深刻分析了马克思的剩余价值说,即"余工余值说",对资本主义经济制度的罪恶进行尖锐批评。他认为:"马氏的'经济论'有二要点:一'余工余值说',二'资本集中说'。前说的基础,在交易价值的特别概念。后说的基础,在经济进化的特别学理。"他指出:资本家占有生产资料,用以榨取工人的"余工余值,全是资本主义的罪恶!"

剩余价值理论是马克思为揭示资本如何产生价值，反驳资本家养活工人的谬论而提出的。其核心的思想就是，由工人产生出来的商品的售价一定小于生产商品的原料费、工具磨损费和工人工资的总和。而原料费与工具磨损费已经合到商品的售价里并不形成可被资本家赚到的价值，而工人制造商品的劳动价值与工资的差异才是资本家赚到的"多余"价值的来源。简化点就是讲，资本家用更少的钱让工人做出可以被他卖得更多钱的商品。为说明这个道理的正当性，马克思用了大量笔墨解释了，生产原料只用通过人的劳动才会脱胎换骨地形成商品，没有劳动任何原料都不会自行转化成为商品，以强调劳动才是价值的来源。确定了价值产生于劳动后，马克思又提示了资本家如何为了表明自己公正，虚假地用"买时间"的方法来欺骗工人，以执行其工资低于商品价值之实。与马克思的理论当中对资本主义的批判抨击多于对未来社会的构想预见相一致，李大钊在其《我的马克思主义观》中也用了很大篇幅抨击资本的罪恶，揭露资本剥削的秘密，当然也和李大钊撰写此文的目的有一定的联系，那就是主要宗旨是宣传马克思主义，也和李大钊所处的历史条件相联系，因此在这里对马克思主义的解读重于对其理论的发展。

在《我的马克思主义观》一文中，李大钊对将剩余价值以及资本主义制度的解读已经超越了那个时代的所有知识分子。我们之所以说这篇文章表明了，李大钊从一个民主主义者转变为马克思主义者一个很重要的原因，在于李大钊在此文中对剩余价值和资本主义制度的认识。在救亡图存的大背景下能客观分析马克思主义经济学的理论不仅是难能可贵，更是远见卓识！

李大钊认为"马氏的论旨，不在诉说资本家的贪婪，而在揭破资本主义的不公，因为掠夺工人的，并不是资本家，乃是资本主义。工银交易的条件，资本家已经全然履行。你得一份钱，他买一份货，也算是公平交易。既然许资本主义自由竞争行于经济界，这种结果是必不能免的。资本家于此，固极愿购此便宜物品，因为他能生产比他自身所含价值还多的东西。唯有这一班可怜的工人，自己把自己的工力像机械一般贱价给人家，所得的价格仅抵自己生产价值之半或且不及其半，在法律上经济上全没有自卫之道，而自己却视若固然。这不是资本家的无情，全是资本主义的罪恶！"这表明李大钊对资本主义的认识已经达到今天的高度。远非同时代乃至于我们今天的好多学者所能企及的。当然，李大钊不仅是一个博古通今、学贯中西的学者，更是一个高瞻远瞩、大气磅礴的革命家！

在李大钊的时代，中国没有资本主义的充分发展，即使李大钊亲眼见过日本资本主义的发展，毕竟在自己本国没有深刻体会，所以对于资本主义的揭露和批判，实际上仅限于对马克思原著的理解和一些日本学者的解读，这里对原著的理解大于对日本学者解读的认识。多年来，我们有很多人不理解李大钊对马克思主义经济学理论的质疑，对于李大钊的质疑的对错与否我们暂且不论，但是从当时的历史条件来看，我们应该予以理解。而且，李大钊对于马克思主义经济学理论的关注，已经超越了那个时代的需求，很显然，中国要找一条适合中国发展的道路，独立强国，这里"独立"是首要的，在殖民统治下中国何谈发展！这一点，李大钊是极清楚的。"走俄国人的路"，马克思主义是一条选择，但是在那个时代，选择关注马克思主义经济学还显得不那么合时宜，毕竟当时的中国救亡是重中之重，而发展还是后话。所以李大钊对马克思主义经济学的关注既显示了一个学者对于学问的追求，也反映了马克思主义学说体系的完整与严谨，研究马克思主义，其经济学一定是不能避免的。

三、论证了资本主义必然灭亡、社会主义必然胜利

马克思当年对资本主义必然灭亡、社会主义必然胜利的阐述是多视角、多层面的。在《我的马克思主义观》一文中，李大钊是结合资本主义经济的发展、剩余价值的产生、阶级竞争和唯物史观等多角度来论证这两个必然的。

从剩余价值的角度，李大钊认为资本主义在其发展中必然会导致资本的集中，"马氏根据他那'社会组织进化论'，发现这种含有新意义的资本，渐有集中的趋势，就构成了他的'资本集中论'"。由于这种集中，在资本家那里表现为"小工业都渐渐被大产业压倒，也就渐渐被大产业吸收了"，"并且把中级产主都吸收来，把资本都集中于一处，聚集在少数人手中"。在工人这一方面，则表现为"不能不出卖他自己的劳力，不能不敲资本家的大门卖他自己的人身"。因此，"资本主义是这样发长的，也是这样灭亡的。他的脚下伏下了很多的

敌兵，有加无已，那就是无产阶级"。

从唯物史观的角度，李大钊认同马克思的生产力决定生产关系，有什么样的生产力就会有与之相适应的生产关系的观点，同时也认为，当生产力快速向前发展的时候，就有可能导致依原来的生产力而产生的生产关系呈现出落后的状态，这样，"当初虽然助长生产力的发展，后来发展的力量到那社会组织不能适应的程度，那社会组织不但不能助他，反倒束缚它，妨碍它了。而生产力虽在那束缚它、妨碍它的社会组织中，仍是向前发展不已。发展的力量愈大，晕啊不能适应他的社会组织间的冲突愈迫，结局这就社会组织非至崩坏不可。这就社会革命"。应该说，李大钊后来的"社会主义之发生，恰如鸡子在卵壳里发生一样"思想，在这个时候就已经形成了，只不过，由于当时《我的马克思主义观》发表的主旨是宣传马克思主义，让国人了解马克思主义，主要的宗旨不是将马克思主义理论与中国的现实结合起来并指导中国革命。但是，可以看出来李大钊认为社会主义革命是自然而然的，待条件成熟之时，社会主义经济制度必然要取代资本主义经济制度，这是不以人们的意志为转移的，社会主义社会无论人愿不愿要他，他的命运必然出现，这是历史的命令。这里李大钊论证的社会主义代替资本主义的历史必然性的理论，是马克思所预言的"两个必然"的中国化。历史的必然性并不等同于现实的合理性。要真正代替资本主义，并不是一蹴而就，也不是简单的蓄势待发，需有新力量的大力发展以及旧势力加速腐朽，伴随资本主义的自然灭亡，社会主义会迅速发展。"可是这个生产力，非到在他所活动的社会组织里。发展到无可再容忍的程度，那社会组织是万万不能打破。而这在旧社会组织内，长成他那生存条件的新社会组织，非到自然脱离母胎，有了独立生存的运命，也是万万不能发生。恰如孵卵的情形一样，人为的助长行为，打破卵壳的行动，是万万无效的，是万万不可能的。"所以，李大钊在这里已经认清了，资本主义的灭亡是一种自然，但是一定要条件成熟，和社会主义革命的爆发一样。

第二节 唯物史观是历史观的根本变革

在《我的马克思主义观》中李大钊按照自己的理解第一次向中国学术界较为系统地介绍唯物史观。李大钊传播马克思主义，侧重点放在唯物史观方面。他对马克思主义唯物史观的深刻理解，固然有中国固有哲学的优良传统的底色，亦不排除中国近代哲学的新思潮的影响。更主要的是李大钊深谙马克思主义的精髓，了解唯物史观在马克思主义理论体系中的重要位置，所以，李大钊对马克思主义唯物史观的理解是深刻而独到的。

一、把历史上的唯物史观与马克思主义的唯物史观区分开来

在《我的马克思主义观》一文中，唯物史观是李大钊重点阐述的一个内容。虽然此时的李大钊还仅仅从学理的角度接受唯物史观，看似没有紧密地结合中国革命的实践。但是他对唯物史观基本思想的理解是深刻的。

李大钊在此文中强调指出：唯物史观是时代的产物。他认为："一个学说的成立，与其时代环境有莫大的关系。马氏的唯物史观，何以不产生于18世纪以前，也不产生于今日，而独产生于马氏时代呢？因为当时他的环境，有使他创立这种学说的必要和机会。"他分析了当时的客观环境，认为："有了

这种环境，才造成了马氏的唯物史观。有了这种经济现象，才反映以成马氏的学说主义。……马氏的学说，实在是一个时代的产物。"有人认为李大钊在强调唯物史观是时代的产物时，又告诫人们反思马克思主义唯物史观的局限性的含义，"我们现在固然不可拿一个时代一种环境造成的学说，去解释一切历史，或者就那样整个拿来，应用于我们生存的社会，也不可抹杀他那时代的价值和特别的发现"。但是，我们认为，李大钊提醒人们理解马克思的唯物史观一定要结合马克思发现唯物史观的年代，并不是说李大钊认为唯物史观有什么缺欠，只是这种告诫和提醒是一个严谨求实的学者的本色使然，旨在提醒人们全面正确理解马克思的唯物史观，也揭示了历史上的唯物史观和马克思主义唯物史观的区别。

关于这一点，我们可以从李大钊在本文中所表现出来的对马克思的唯物史观的解读中看出。李大钊根据马克思的思想，把社会分为基础和上层，基础是经济的构造，即经济关系，上层是法制、政治、宗教、艺术、哲学等。在此基础上，李大钊揭示了过去历史观的缺陷，马克思的唯物史观和以往的历史观的区别，他认为，过去的历史观，只能看出一部分的真理而未能窥其全体,而"马氏用他特有的理论,把从前历史的唯物论者不能解释的地方,予以创见地说明,遂以造成马氏特有的唯物史观,而于从前的唯物史观有伟大的功绩"。

二、阐述了唯物史观的基本观点

李大钊在对历史上形形色色的历史观与马克思的历史观作了区分的基础上,对马克思的唯物史观作了单独的解释。在此文中李大钊所理解的马克思的唯物史观有两个要点,"其一是说人类社会生产关系的总和,构成社会经济的构造,这是社会的基础构造","其二是说生产力与社会组织有密切的关系,生产力一有变动,社会组织必须随他变动,社会组织即生产关系,也是与布帛菽粟一样,是人类依生产力产出的产物"。从这两点的归纳可以看出李大钊对唯物史观的理解。

第一,经济是历史发展的动因。"唯物史观的要领,在认经济的构造对于其他社会学上的现象,是最重要的;更认经济现象的进路,是有不可抗性的。"李大钊认为,生产力是引起生产关系变动的最高动因。也就是说,社会经济关系决定其他关系的存在和发展,生产关系相对于政治、伦理、哲学等要素来说，是更为根本的东西。那么，生产关系的存在和发展又是由什么决定的呢？李大钊认为，是马克思所说的"物质生产力"。

第二，生产力决定生产关系，经济基础决定上层建筑。李大钊把社会基本矛盾规律视为社会发展变化的根本规律，这就一下子抓住了唯物史观的精髓，他认为马克思的唯物史观，以物质的生产关系为社会构造的基础，决定一切社会构造的上层。所以社会的生产方法一有变动，则这个社会的政治、法律、伦理、学艺，等等，都随之变化，无一能免。所以务必谋求适应时刻变动的经济生活，法律、伦理等不能决定经济，而经济能决定法律、伦理等。李大钊认为这就是马克思等找出来的历史的根本理法。李大钊进一步指出，生产力不仅决定生产关系，而且是整个社会组织及其变动的深层根源。李大钊认为，生产力决定着社会组织的存在状况。"社会组织即社会关系，也是与布帛菽粟一样，是人类依生产力产出的产物。手臼产出封建诸侯的社会，蒸汽制粉机产出产业的资本家的社会。"不仅如此，生产力的发展变化还决定着社会组织的发展变化，"生产力一有变动，社会组织必须随着他变动"。为了深刻说明这一论断，李大钊分析和揭示了社会组织随着生产力变动而变动的具体过程。在他看来，一定的社会组织是适应一定生产力的需要而产生的，社会组织在当初是助长生产力发展的一种力量，但后来逐渐成为生产力发展的绳索和阻碍。生产力是不断发展的，而社会组织则是相对稳定的。这样，"发展的力量愈大，与那不能适应他的社会组织间的冲突愈迫，结局这旧社会组织非至崩坏不可。这就是社会革命。新的继起，将来到了不能与生产力相应的时候，他的崩坏亦复如是"。

第三，生产方式的发展决定社会的发展，生产力是社会发展的最高动因。李大钊认为历史之所以不断发展，是由于生产方式的不断变更。社会主义、共产主义生产方式必然要代替资本主义的生产方式。李大钊在着重阐述生产力是社会发展的最高动因的同时，还深刻揭示人们不应该、也不可能离开生产力基础去主观随意地改变社会组织。他强调指出："这个生产力，非到在他所活动的社会组织里，发展到无可再容的程度，那社会组织是万万不能打破。而这在旧社会组织内，长成他那生存条件的新社会组织，非到自然脱离母胎，有了独立生存的运命，也是万万不能发生。恰如孵卵的情形一样，人为的助长，打破卵壳的行动，是万万无效的，是万万不可能的。"这表明，李大钊已经认识到，生产力是社会发展的最终根源，生产力与生产关系、经济基础与上层建筑的矛盾运动，是推动社会前进的根本动力。

第三节　阶级斗争是改造社会组织的手段

《我的马克思主义观》是李大钊从民主主义者转变为马克思主义者的标志，很显然，这时的李大钊并不是一个成熟的马克思主义者，他对马克思主义的理解难免会有些肤浅和表面化。此时的李大钊和一切早期马克思主义者一样，很自然地沿着20世纪初中国学者的思维路径，从经济角度分析和解释历史，从财富的角度来理解阶级或阶级斗争。

一、揭示阶级斗争产生的根源

在《我的马克思主义观》一文中，李大钊其中专列一节介绍阶级斗争。在李大钊看来，阶级间的冲突与斗争都以每一阶级利己的经济为目的，认为历史上的各种阶级斗争都是由于利益的不同而引发的，其实无论何种阶级全有他们自己特殊经济上的动机，"他们背后都藏着很复杂的经济意味"，阶级斗争不过是为得"自己阶级经济上的利益"。五四时期的马克思主义者几乎都把阶级斗争理解为利益的冲突，而这种冲突又是由于个人或阶级的利己心形成的，为此李大钊后来提出用互助来弥补阶级斗争的不足，并以此来达到社会的平均，而不是无产阶级专政。因为在这个时期，李大钊对阶级斗争的认识也不是很深刻的。

早期马克思主义者对阶级或阶级斗争的认识都比较肤浅，也重视不够。虽然李大钊看到"阶级竞争说恰如一条金线"把马克思主义理论联系起来，但他在阶级竞争说与唯物史观二者选择中，最初选择了唯物史观，即选择"历史的经济分析"或"历史的经济解释"。李大钊在此文中的用法是"阶级竞争"而非"阶级斗争"，"阶级竞争"与"阶级斗争"仅一字之差，但含义即使从文法上来讲也还是不一样的，李大钊"深研政理"、博古通今，在文法上肯定不会有失误，唯一的解释就是李大钊此时对阶级斗争的理解还没有那么深刻。李大钊说："马氏学说受人非难的地方很多，这唯物史观与阶级竞争说的矛盾冲突，算是一个最重要的点。盖马氏一方既确认历史（马氏主张无变化即无历史）的原动为生产力；一方又说从来的历史都是阶级竞争的历史，就是说阶级竞争是历史的终极法则，造成历史的就是阶级竞争。一方否认阶级的活动……可以有决定经济行程的效力；一方又说阶级竞争的活动，可以产出历史上根本的事实，决定社会进化全体的方向。""这个明显的矛盾，在马氏学说中，也有自圆的说法。"但最后李大钊还是认为"虽是如此说法，终觉有些牵强矛盾的地方"。

在阐述阶级的实质及阶级形成的历史进程的同时，李大钊深刻揭示了关于阶级斗争的一系列问题，介绍和宣传了马克思主义关于阶级斗争的一系列基本观点。他深刻揭示了阶级斗争的根源，认为：人类的生产方法随着生产力的发展而变化，人类的社会关系又随着人类生产方法的变化而变化，人类的精神的文化更随着人类的社会关系的变化而变化。社会组织固然可以说是随着生产力的变动而变动，但是社会组织的改造，必须假手于其社会内的多数人。而为改造运动的基础势力，又必发源于在现在的社会组织下立于不利地位的阶级。那些居于有利地位的阶级，除去少数有志的人，必都反对改造。一阶级运动改造，一阶级反对改造，遂以造成阶级竞争的形势。他还深刻揭示了阶级斗争的历史作用，认为自太古土地公有制崩坏以来，凡过去的历史，都是阶级斗争的历史，阶级斗争是推进人类进步的动力，也是改造社会、消灭阶级的最后手段。

二、阐述了阶级斗争学说与唯物史观的关系

关于阶级斗争和唯物史观的关系，李大钊之所以要对这两者关系作出深刻解释和说明，是因为马克思主义学说在中国社会一出现，就如同马克思主义在欧洲的命运一样，遭到许多误解和非难。其中一个重要误解和非难是：唯物史观把生产力看成人类历史的最高动因，确认历史的原动力为生产力，而阶级斗争学说则强调，从来的历史都是阶级斗争的历史，确认"阶级竞争是历史的终极法则，造成历史的就是阶级竞争"，这表明：唯物史观与阶级斗争学说存在着矛盾冲突。对此，李大钊强调指出，两者并不矛盾。他依据马克思的观点，把阶级社会的历史看成是人类历史的前史，把消灭了阶级及其斗争的无阶级社会的历史看成是真正的人类历史，认为唯物史观揭示的是整个人类历史的规律，而"他的阶级竞争说，不过是把他的经

济史观应用于人类历史的前史一段，不是通用于过去、现在、未来的全部"。同时，李大钊还认为，在阶级社会，生产力作为人类社会发展的最高动因，其作用是通过阶级斗争来发挥的。他认为：自从土地共有制崩坏以来，经济的构造都建立在阶级对立之上。生产力一有变动，这社会关系也跟着变动。可是社会关系的变动，就有赖于当时在经济上占不利地位的阶级的活动。

正如马克思主义是实践的科学，是无产阶级斗争的武器一样，《我的马克思主义观》的成文是在中国新民主主义革命的早期，当时的革命形势虽然很严峻，但是由于革命实践的缺乏，使得早期的社会主义者和先进的知识分子对社会的认识还是有局限的，他们的马克思主义观念也是不完善的。李大钊生活的年代，民族救亡重于一切，并不是李大钊本人缺乏社会的敏感度，没有看到本民族内部矛盾阶级压迫的深重，实在是面对外来的强敌——帝国主义的虎视眈眈，加上鸦片战争之后中国对外战争的屡战屡败，本民族内部的阶级压迫是位在其次的，所以，李大钊在《我的马克思主义观》中对"阶级竞争"的理解还是不够深刻，这有其个人的学者身份的原因，也有时代的原因。应该说李大钊后来的牺牲和他本人对阶级斗争的残酷性理解不够有直接的关系。这篇长达万言的《我的马克思主义观》对"阶级竞争"解读的篇幅显然不如对经济学的解读深刻。李大钊对阶级斗争的认识和理解直接决定他以后的革命实践活动，他积极促成国共合作，即使在国共关系破裂，国民党对共产党已经开始大屠杀的时候，仍然坚守岗位，甚至于在有消息传来奉系军阀将至的情况之下，还是不肯撤走。这自然是革命者大无畏的革命精神所致，这一点是可以从后来他面对奉系军阀的绞刑架从容淡定、视死如归中得到证明的，但不能不说这也和李大钊作为学者本性的善良以及对阶级斗争的残酷性缺乏认识有关。

我们曾经认为李大钊的《我的马克思主义观》对马克思主义的理解是一般性的，没有什么特别的地方，以至于很多年我们忽略了这篇文章，大致也是因为李大钊在此文中对阶级斗争的观点。毕竟阶级斗争学说是马克思主义的核心所在。也正如列宁所说："马克思的学说直接为教育和组织现代社会的先进阶级服务，指出这一阶级的任务，并且证明现代制度由于经济的发展必然要被新的制度所代替，因此这一学说在其生命的途程中每走一步都得经过战斗，也就不足为奇了。"

第四章 《我的马克思主义观》的历史价值

《我的马克思主义观》是中国第一篇比较系统完整地介绍马克思主义的著名论文。1917年十月革命后,李大钊开始了由革命民主主义者到共产主义者的转变。1918年7月到1919年元旦,他先后发表《庶民的胜利》、《布尔什维主义的胜利》、《新纪元》等著名论文,用马克思主义观点介绍十月社会主义革命。这几篇文章虽没有直接涉及马克思主义理论的内容,但标志着李大钊开始由民主主义者向马克思主义者转变。

1919年5月,李大钊在《新青年》上发表了《我的马克思主义观》一文完成了由民主主义者向马克思主义者的转变。《我的马克思主义观》系统介绍了马克思主义的三个组成部分,即唯物史观、政治经济学和科学社会主义,并阐明了阶级斗争学说和马克思主义的三个组成部分的关系,指出:"这三部理论，都有不可分割的关系，而阶级斗争恰如一条金线，把这三大原理从根本上联络起来。"在我们今天看来，由于历史条件的限制，这篇文章对马克思主义的某些观点阐述得不够完备和准确。但从总体来看，这篇文章对马克思主义理论体系及基本观点的理解是正确的，是中国人对马克思主义所作的第一次比较系统全面的介绍，具有重要的历史意义。

第一节　马克思主义成为五四时期社会思潮的主流

五四时期，中国社会面临着巨大的历史转折和社会变动，民族的生存危机进一步加重，传统的儒家思想丧失了统治地位，社会出现了普遍的思想真空和信仰危机。改造中国，在当时的知识分子当中几乎达成了共识，而改造中国的方案，大家几乎都把目光集中到了西方，所以，不仅有大批的知识分子远涉重洋，希望找到救国救民的治世良方，而且大量的西方自然科学和社会科学的书籍被译成中文，西方世界的各种思想和主张都竞相传播。当时主要的社会思潮有三种：一是社会主义思潮，但这里的社会主义思潮并不单单是指马克思主义的科学社会主义，还有五花八门的非马克思主义的社会主义思潮，包括资产阶级和小资产阶级的社会主义、无政府主义、新村主义、合作社主义、泛劳动主义、基特尔社会主义，等等；二是资本主义上升时期的民主主义思想，即所谓民主、平等、自由、博爱、天赋人权、人道主义，等等；三是帝国主义时代出现的现代资产阶级改良主义学说和唯心主义哲学思潮。如实用主义等。随着《我的马克思主义观》的发表，这五花八门、形态各异的各类思想和马克思主义进行了激烈的交锋。

一、与实用主义的斗争

实用主义，又称实验主义，形成于20世纪初。主要代表人物是美国哲学家、教育家杜威。实用主义否认客观的物质世界，以"实验效果"作为衡量一切事物的标准，把客观实在同主观经验、感觉混为一谈，即我所感觉的、经验就是客观实在。它把真理同实践中有用的、有利的东西混同起来，认为有用就是真理。在中国，实用主义和马克思主义在五四时期几乎同时传入了中国。由于当时新文化运动的主要锋芒指向了封建主义，而在"五四"前后，实用主义在一定程度上是反封建的。在中国实用主义的代表人物是胡适。胡适在宣传实用主义的时候，提倡"存疑主义"。主张"宁可疑而错，不可信其而错"。同时，尤为鼓吹"重新估定一切价值"的口号，这对于传统的封建迷信具有瓦解和破坏作用，但是，实用主义是资产阶级唯心哲学，和马克思主义是对立的，于是，在五四时期，就开始了问题和主义之争。"问题与主义"论战发生在李大钊传播马克思主义过程中，这也是他走向马克思主义的过程。因此，这次论战对于李大钊马克思主义观的形成、确立有重要意义。

这场在中国近代史上有名的"问题与主义"之争发生在李大钊的《我的马克思主义观》前后。我们对这场论战一贯的定性是中国第一次马克思主义与反马克思主义的正面交锋，但是，这场论战并不像后来人们演绎和想象的那样激烈和充满火药味。李大钊与胡适同在北京大学共事，同是当时的知名学者，只是两人在学术观点以及在对中国社会的认识上有差异，所以这场论争反映的是马克思主义和实验主义在学理上的对立和冲突。固然，对于忧国忧民的学者李大钊来讲，争论的目的不单单是为了澄清思想，最主要的是要解决"中国该往何处去"的大问题，所以这场论争实际上是关于中国发展道路的论争。胡适的改良主义表面看起来似乎更具有稳健性，但是改良主义在阶级对立的社会里是行不通的，这一点不仅是马克思主义的观点，也是被中国近代西化派的实践验证了的。所以，注重实践的李大钊在1919年8月在《每周评论》第35号上发表《再论问题与主义》一文，对胡适的实用主义观点进行批驳之后，再没有专门论及此事，全然不顾胡适又写了《三论问题与主义》及《四论问题与主义》。因为《我的马克思主义观》的发表已全然表明了李大钊的立场，那就是中国的问题，应以马克思主义为指导去解决。而且，由于《我的马克思主义观》的发表以及《新青年》马克思主义专号的开辟，在中国的思想文化界传播马克思主义一时间成为一种时尚和潮流。当今有很多人对于当年李大钊与胡适的"问题与主义之争"抱以怀疑态度，认为这场论争未必是以马克思主义取胜作为结局的，从李大钊后来的表现以及胡适又出来"三论"、"四论"直至《每周评论》被查封来看，马克思主义的确占了上风。

李大钊在日本留学期间就曾接触过马克思主义，但当时的李大钊也是把马克思主义作为众多学术理论当中的一种来学习的，是"深研政理"的需要。马克思主义真正引起李大钊的关注并认真去研究应始于1919年上半年。从1919年7月6日发表的《阶级竞争与互助》来看，李大钊最为关注的是"改造世界、改造人类"的问题。从这个角度，他试图将马克思的"阶级竞争"与对他早期影响很大的克鲁泡特金的"互助论"结合起来，主张"物心两方面"的改造。李大钊根据马克思"经济的历史观"认识到"阶级竞争"是"社会组织的改造"的主要途径，而无产阶级与资产阶级"最后的阶级斗争，就成了改造社会、消泯阶级的最后手段"，是"必须经过的，必不能避免的"。在李大钊看来，马克思的"阶级竞争说"适用于"人类历史的前史"，而"人类真历史的第一页"肇启于阶级社会消灭、"互助精神"的发扬。因此，他提出"这最后的阶级竞争，是改造社会组织的手段。这互助的原理，是改造人类精神的信条"。他在"问题与主义"论战中根据唯物史观思考中国问题，主张在"没有组织没有生机"的中国通过"阶级竞争"达到"经济问题"的"根本解决"，可以说是上述思考的发展。而且从他对"很多马克思派的社会主义者"的批判来看，李大钊这时更重视"阶级竞争"在社会改造上的作用。

《再论问题与主义》最后指出:"我们应该承认:遇着时机,因着情形,或须取一个根本解决的方法,而在根本解决以前,还须有相当的准备活动才是。"这里,相当的准备活动"指的就是"阶级竞争"。在《我的马克思主义观》中,李大钊也非常重视马克思的唯物史观与"阶级竞争说",并特别加以评述。在他看来,唯物史观"以经济行程的进路为必然的、不能免的",因而有"定命说"的"流弊",批评"后来马克思派的社会学,因为信了这个定命说,除去等着集产制自然成熟以外,什么提议也没有,什么活动也没有,以致现代各国社会党都遇见很大的危机"。但他肯定《共产党宣言》"檄告举世的劳工阶级,促他们联合起来,推倒资本主义",认为这是"马克思主义的一个绝大功绩",并对"阶级竞争说"与"社会主义伦理的观念"即"互助、博爱的理想"的关系作了进一步论述,再一次强调:"我们主张以人道主义改造人类精神,同时以社会主义改造经济组织。不改造经济组织,单求改造人类精神,必致没有效果。不改造人类精神,单等改造经济组织,也怕不能成功。"李大钊主张"改造经济组织"与"改造人类精神"相互结合,但两者并非同步而是有明显的先后次序的。在《再论问题与主义》中，他强调"经济问题的解决，是根本解决"，在同年9月发表的《"少年中国"的"少年运动"》提出，"经济组织没有改变，精神的改造很难成功"。12月发表的《物质变动与道德变动》指出，"物质既常有变动，精神的构造也随着变动"。这些论述表明，在"问题与主义"论战之后，李大钊通过"阶级竞争"改造经济组织的思想越来越明确，也在很大程度上摆脱了互助论无政府主义的影响。这可以说是其马克思主义观逐步确立的重要表现。

  在《我的马克思主义观》中，李大钊系统地阐述了马克思的学说和思想，进而强调，研究马克思必须研究它"怎样应用于中国今日的政治经济情形"，并在这个过程中把这门科学推向前进。在李大钊看来，正确认识国情非常重要，考虑中国的问题，是不能置国情于不顾的，而且，这个国情问题不可求于外人。他十分重视马克思主义在中国具体情况下的实际运用，认为马克思主义"是一个时代的产物"，"不要忘了他的时代环境和我们的时代环境"。社会主义"用以为实际的运动"时，它会"因时、因所、因事的性质"发生"适应环境的变化"，是要在运用中加以发展的。李大钊还认为，"社会主义的实现，离开人民本身，是万万做不到的"。

二、与行会社会主义的斗争

行会社会主义也叫基尔特社会主义，是20世纪初产生于英国工人运动中的资产阶级改良主义思潮。英国著名的唯心主义哲学家罗素就极力主张行会社会主义。其基本思想主张是保留现存的国家制度和政权，组织行会，管理生产，实现生产自给，然后由国家统一分配产品，从而实现消灭剥削。行会社会主义反对无产阶级革命和无产阶级专政。五四时期，以梁启超、张东荪为首的研究系极力主张在中国实行行会社会主义。

如果说十月革命让李大钊关注了马克思主义，接受了马克思主义，那么李大钊的一篇长文《我的马克思主义观》也一样开启了中国的马克思主义新时代，这个时代的变化是首先从思想文化界开始的。

在李大钊发表《我的马克思主义观》后不久，罗素来到中国，大力宣传行会社会主义，抨击十月革命，宣传十月革命不适合中国，认为中国的当务之急就是发展实业，兴办教育。作为资产阶级唯心主义哲学家，罗素反对阶级斗争，宣扬劳资调和，主张社会改良。这和胡适的实用主义有异曲同工之效。虽然那场"问题与主义之争"还硝烟未尽，但是马克思主义思想已经由于李大钊开启的马克思主义研究以及《新青年》杂志的影响力成为思想文化界的潮流，当时已然形成了以社会主义为时髦的局面。所以行会社会主义挂着社会主义招牌，虽然实质上是反马克思主义的，仍然具有很大的欺骗性。

行会社会主义一出现就得到了梁启超、张东荪等人的极力赞同。李大钊由此开始和他们进行了一场关于社会主义的论战。这是一场关于"中国要不要走社会主义道路，要不要组织无产阶级政党，要不要用革命的手段来改造中国社会"的大讨论。尽管这场讨论和近代思想界的其他交锋严格说来没有什么本质区别，但是李大钊等早期的中国共产党人通过这场论争在思想上明确了中国应当走社会主义道路，应该建立无产阶级政党。行会社会主义由于其理论的毫无新意、其社会基础的缺乏，到1922年夏就偃旗息鼓。但李大钊在《我的马克思主义观》发表之后，一直在深入研究马克思主义理论，在理论研究上又有了深入的进展。

三、与无政府主义的斗争

无政府主义是中国近代较为有影响力的一种小资产阶级的社会思潮，它主张绝对的个人自由，否定一切国家政权，反对一切强权和国家，主张建立无政府共产社会。五四时期正值中国思想繁荣时期，无政府主义思潮自然不甘寂寞，再加上无政府主义在近代的知识分子阶层有相当的影响力，它的反封建专制和抨击北洋军阀的黑暗统治、反对剥削的观点确实对唤醒民众起到了一定的作用。但是无政府主义是反马克思主义的，它的一切主张都是以个人主义为出发点的，而且成为抵制科学社会主义，妨碍建立无产阶级政党，开展工人运动的一大障碍，所以针对无政府主义的各种观点，马克思主义者与无政府主义者展开的论战大概持续了一年多。这场论战进一步提高了马克思主义者的理论水平，坚定了他们的无产阶级立场，使一大批青年人认清了无政府主义和马克思主义的区别，使更多的知识分子团结在马克思主义的旗帜之下，为中国共产党的建立奠定了坚实基础。

第二节　马克思主义在中国的传播的先导

李大钊是我国历史上的第一个马克思主义者，他的名字和马克思主义在中国的传播是分不开的。马克思主义在中国的传播，应从五四时期算起，作为中国最早的马克思主义传播者，李大钊传播马克思主义思想在十月革命后就已经开始了，只是真正从理论上去解读马克思主义是从发表《我的马克思主义观》开始的。

当然，这不是说，在李大钊以前，在中国没有人讲过马克思和他的学说。在19世纪末上海广学会的一些出版物中，有的就提到了马克思；1902年，梁启超在《新民丛报》上发表的《进化论革命者颉德之学说》也提过马克思；1903年，马君武在《译书汇编》上写的《社会主义与进化论比较》，在其所附"马克思所著书"中也提到了《共产党宣言》；1905年，朱执信在《民报》上发表的《德意志社会革命家小传》，不仅提到马克思、恩格斯的生平，还讲到《共产党宣言》的要点，等等。但是，这些现象是不能作为马克思主义在中国传播的标志的。从主观方面来看，这些文章的作者仅仅是在研究学术中提及马克思，本身并无意信仰、传播和实践马克思主义。如上海广学会在19世纪末出版的一些书刊，只是在宣传基督教救世教义的同时，介绍西方流行的各种社会主义学说，把马克思主义作为一个社会主义的流派来介绍的；梁启超在介绍《进化论者颉德之学说》时，附带提到马克思，不仅简略，而且带有批评的口吻（转引了颉德对马克思的一些评述）；朱执信虽然较多地介绍了马克思、恩格斯及《共产党宣言》的要点，但其目的也只是为了贯彻举社会革命与政治革命"毕其功于一役"的政治主张。从客观方面来看，由于他们对马克思主义缺乏信仰，没有触及到马克思主义的精髓，当然马克思主义也不会因此传播开来。从辛亥革命以后，直到1918年，在中国报刊上很少看到介绍马克思、恩格斯及其学说的文章。

一、讴歌十月革命，宣传马克思主义

在《我的马克思主义观》成文之前，李大钊在1918年所写的几篇论文中，即已开始用马克思主义的观点分析第一次世界大战和十月革命的原因。他认为：原来这回战争的真因，乃在资本主义的发展。国家的界限以内，不能涵容他的生产力，所以资本家的政府想靠着大战，把国家界限打破，拿自己的国家做中心，建一世界的大帝国，成一个经济组织，为自己国内资本家阶级谋利益。俄、德等国的劳工社会，首先看破他们的野心，不惜在大战的时候，起了社会革命，防遏资本家政府的战争。

李大钊热情地歌颂了十月革命是劳工主义的胜利，是庶民的胜利，"今后世界的人人都成了庶民，也就都成了工人"。"须知今后的世界，变成劳工的世界。我们应该用此潮流为使一切人人变成工人的机会，不该用此潮流为使一切人人变成强盗的机会。"

当然，此时李大钊对十月革命的讴歌带有一定的感性成分，但却使马克思主义思想成为当时思潮的一种主流。当时的人们也从对十月革命的了解中看到了中国的希望。我们今天应该看到李大钊的思维过程。十月革命的消息传到中国，是在失望中沉寂的中华大地上响了一声惊雷，让在黑暗中迷惘的中国看到了曙光。

二、《我的马克思主义观》的发表使得马克思主义在中国的传播有了理论基础

《我的马克思主义观》对马克思主义的三个组成部分——唯物史观、政治经济学和科学社会主义进行了全面阐明，这篇文章是李大钊成为马克思主义者的标志。在此之前，他虽旗帜鲜明地推动当时舆论，积极传播马克思主义，但是由于社会中还没有人很明确地全面解读马克思主义理论，更多的人对马克思主义一知半解，所以传播的过程步履艰难。尤其是在和胡适"问题与主义"的论战当中，李大钊对此的感受更为深刻。他说："一个社会主义者，为使他的主义在世界上发生一些影响，必须要研究怎么可以把他的理想尽量应用于环绕着他的实境。"他甚至提出："在我们这不事生产的官僚强盗横行的国家，我们也可以用他作工具，去驱除这一班不劳而生的官僚强盗。"

为宣传马克思主义，李大钊不仅亲自撰文而且在《新青年》上办了"马克思研究号"，还帮助《晨报》副刊开辟了一个"马克思研究"专栏。从5月5日到11月11日，在6个多月的

时间里，这个专栏共发表了五种论著，其中包括：马克思的《劳动与资本》，考茨基的《马氏资本论释义》、河上肇的《马克思唯物史观》等。除专栏外，《晨报》副刊还用一定篇幅发表了一些革命领袖（马克思、列宁、李卜克内西等）的传记和介绍国际共产主义运动情况的文章。

1920年，李大钊除继续写了大量的宣传马克思主义的文章外，还于当年3月和邓中夏、高君宇等在北京大学秘密发起了一个马克思学说研究会。这个研究会设立了翻译室，下设英文、德文、法文三组，翻译了许多马克思、恩格斯的著作。直到1921年，研究会才公开。这是李大钊力图将马克思主义理论与中国的实际相结合而作的努力。

1920年秋，李大钊正式担任北大教授后，利用高等学校的讲坛，继续扩大马克思主义的宣传。1920年底，李大钊指出：最近以来，"高等教育机关里的史学教授，几无人不被唯物史观影响，而热心创造一种社会的新生"。李大钊是青年人的良师益友。在他的影响下，许多先进青年不仅在五四时期成为具有初步共产主义思想的知识分子，而且很快地成为马克思主义者。

这一时期李大钊以自己的《我的马克思主义观》中阐述的理论为指导，加快了马克思主义在中国传播的步伐。由于李大钊在传播马克思主义中的历史贡献和作用，又由于他和陈独秀一起积极从事组建中国共产党的活动，因而在思想界的先驱者中享有了"南陈北李"的崇高声誉。这一时期，一大批坚定的马克思主义者迅速成长起来。

三、马克思主义在中国传播的伟大意义

首先，马克思主义在中国传播，使中国人民对帝国主义的认识开始由感性认识上升到理性认识。中国人民在接受马克思主义以前，虽然进行了长期的反对帝国主义的斗争，但对帝国主义并没有本质的了解。下层劳动人民只是从感性上认识到"洋鬼子"可恶，上层的知识分子则"学西方"，但不了解为什么"先生"老是侵略"学生"。从马克思主义在中国传播后，中国人民开始认识到帝国主义的本质。这和李大钊对马克思主义的研读有直接的关系。

1919年元旦，李大钊在《大亚细亚主义与新亚细亚主义》一文中，明确地提出了民族自决和帝国主义的概念。

他指出，日本侵略者在当时提出的"大亚细亚主义"是"吞并中国主义的隐语"，是"大日本主义的变名"，并说："这'大亚细亚主义'不是平和的主义，是侵略的主义；不是民族自决主义，是吞并弱小民族的帝国主义。"像李大钊这样用马克思主义观点，明确地提出民族自决、反对帝国主义，在历史上是罕见的。5月18日，他在《每周评论》上发表的《秘密外交与强盗世界》一文中，又明确地说："我们的三大信誓是：改造强盗世界，不认秘密外交，实行民族自决。"

其次，马克思主义在中国传播后，使中国人民把自己的命运和世界人民的命运联系起来考察。五四前夕，李大钊撰写的一些关于十月革命的论文，已经开始认识到这一点。例如，他在《新纪元》一文中写道："这个新纪元是世界革命的新纪元，是人类觉醒的新纪元。我们在这黑暗的中国，死寂的北京，也仿佛分得那曙光的一线，好比在沉沉深夜中得一个小小的明星，照见新人生的道路。"1919年10月12日，李大钊在《国民》杂志周年纪念会上，明确地向五四运动的参加者指出："此番运动仅认为爱国运动，尚非恰当，实人类解放运动之一部分也。"

第三，马克思主义在中国的传播，使中国知识界开始重视工农群众的伟大力量。李大钊在论述十月革命的论文中，便指出它是庶民的胜利、劳工主义的胜利。中国工人、劳动者在五四运动中所表现出的力量，更引起知识界的重视。这一点，李大钊在《我的马克思主义观》一文中也有论述，"然自马氏与昂格思合布《共产党宣言》，大声疾呼，檄告举世的劳工阶级，促他们联合起来，推翻资本主义，大家才知道社会主义的实现，离开人民本身，是万万做不到的，这是马克思主义一个绝大的功绩"。这里，李大钊不仅仅是介绍《共产党宣言》，实际上是在表明自己的观点，因为"无论赞否马氏别的学说的人，对于此点，都该首肯"。

第四，马克思主义在中国传播，使中国人民开始认识到新、旧民主主义的不同。1922年，李大钊在《平民政治与工人政治》一文中，指出资产阶级的旧民主不是真正的"平民政治"，只有无产阶级的新民主才是真正的"平民政治"，"真实的平民政治非打破这虚伪的议会制度必不能实现"；"现在的平民政治正在由中产阶级的平民政治向无产阶级的平民政治发展的途中。"接着，他又在《十月革命与中国人民》一文中指出："凡是像中国这样的被压迫的民族国家的全体人民，都应该很深刻地觉悟他们自己的责任，应该赶快地不踌躇地联合一个'民主的联合阵线'，建设一个人民的政府，抵抗国际的资本主义，这也算是世界革命的一部分工作。"毛泽东后来在《新民主主义论》中所阐述的一些论点和这些思想是相吻合的。

今天，如果实事求是地分析《我的马克思主义观》，其历史价值在于开启了马克思主义在中国传播，为马克思主义在中国的传播奠定了理论基础，也为中国共产党的建立奠定了思想基础和组织基础。当然，《我的马克思主义观》阐述的马克思主义理论还受时代的限制，也不是李大钊在马克思主义理论上的巅峰之作。而且由于马克思主义理论对中国革命的重要意义，在李大钊身后的人很不习惯李大钊从当时的条件出发对马克思主义的质疑，很长一段时间里未能对此文有一个客观公正的评价。今天，我们应该看到《我的马克思主义观》的成文，实践价值远远大于学理价值。

第三节 《我的马克思主义观》与中国共产党的成立

李大钊与中国共产党创建的关系,用老革命家林伯渠"登高一呼群山应,从此神州不陆沉"的诗句表述,应是最为深刻而正确的。李大钊对于政党问题的关注应始于民国初年的,但当时的李大钊还没有接触马克思主义,不是马克思主义者,只是对西方的政党政治极力推崇,也认为中国社会的改革要取得成功,必须依靠政党政治。在转变为马克思主义者以后,李大钊深刻认识到建立一个劳工阶级自己的政党的必要性,于是就有了"南陈北李,相约建党"的佳话。

一、用马克思主义思想培养了第一代中国共产党人

李大钊早在欢呼十月革命胜利、宣传马克思主义的时候,就极力倡导建立一个新式的中国现代化的政党,以适应中国社会的需要。中国共产党创建的根本性特点,是它先有一个

思想创建阶段，然后才进入组织创建。这个思想创建阶段，主要是马克思主义在中国的传播，让更多的人将马克思主义作为一种信仰。马克思主义作为一种信仰被多数人接受，必将开启马克思主义在中国的新境界，使马克思主义由一般的介绍到开始被深入传播。这个任务的完成和李大钊有着极密切的关系。这个任务的完成是第一代中国共产党人得以产生的最重要的因素。

中国共产党的创建需要产生一批具有初步共产主义觉悟的先进分子。这种先进分子的最突出表现，就是接受最新最活的马克思主义，也就是适应俄国十月革命新潮流的一整套思想理念。这一工作任务，也是由李大钊来完成的。以《我的马克思主义观》为代表的一系列宣传马克思主义的文章发表后，在全国产生了很大影响，很多进步的革命青年比如邓中夏、高君宇、罗章龙等就是通过对《我的马克思主义观》的研读向接受马克思主义的轨道上转移；就连新文化运动的旗手和五四运动"总司令"陈独秀的思想，也是由李大钊的这一卓越工作，开始转移到马克思主义的轨道上来的，并与李大钊一起寻找中国革命"根本解决"的办法。近代史上的"南陈北李"虽都在当时的学术界享有盛誉，但陈独秀与李大钊在接受马克思主义这方面却不是同步的。在陈独秀将立脚点从知识分子转向工农民众一边，准备接受马克思主义的时候，李大钊已开始进一步运用马克思主义分析社会问题和解决社会问题了。

毛泽东曾说，五四时期"已经有了大批的赞成俄国革命的具有初步共产主义思想的知识分子"。毛泽东指的就是当时许多先进分子在李大钊的影响之下，经过比较、鉴别，接受了马克思主义，形成一个共产主义知识分子群体。他们中的许多人，如蔡和森、瞿秋白、邓中夏、恽代英、毛泽东、周恩来、张闻天、何孟雄、张太雷等，都从李大钊的文章、讲演或与李大钊的共事中受到教益。李大钊在中国培育出第一代马克思主义者方面，对中国社会现代化事业具有重大贡献。

李大钊在宣传十月革命时就对布尔什维克是一个什么样性质的党作了比较详细的描绘。李大钊认为：他们的党，是革命的社会党；他们是奉德国社会主义经济学家马客士（马克思）为宗主的；他们的目的，是把现在为社会主义的障碍的国家界限打破，把资本家独占利益的生产制度打破。李大钊还旗帜鲜明地指出：Bolsheviki大战争，是阶级战争，是全世界无产庶民对于世界资本家的战争。由此可见，李大钊心目当中的布尔什维克是以马克思主义为指导的，以推翻资本主义制度、实现社会主义为目的的代表无产阶级利益的政党。

以往我们在研究中国共产党思想史的过程中，常常会有人去分析中国共产党在建党时的思想弱点，因为刘少奇在《答宋亮同志》中曾提出过，从思想建设的角度上来说中国共产党的弱点之一就是"理论准备不足"，也就是当年中国共产党在创建之初理论研究非常不够，对马克思主义研究还没有到一个相应的高度就因为急于要解决中国的问题而匆忙建立了党组织。据传当年南陈北李、相约建党的时候，实际上李大钊是有一些疑虑的，就是觉得对马克思主义研究还不够不足以建党，但是由于当时陈独秀在新文化运动中确立的泰斗地位，李大钊的这一想法没有得到赞同而作罢。我们今天研究李大钊的《我的马克思主义观》，从其中不难看出早期的中国共产党人在理论上所作的努力。这篇文章无疑是中国共产党人早期思想理论活动的历史见证。只不过，由于李大钊英年早逝，他的文章和他所坚持的理念，在残酷的现实社会面前，在人们忙于解决现实问题的情况下而没有引起中国共产党人的重视，他所开创的思想传统也并没有能传承下来。这恐怕是中国马克思主义发展史的重大缺失。今天，我们应该充分认知《我的马克思主义观》的理论价值，努力弥补这一缺失。

二、唯物史观是李大钊形成马克思主义政党观的理论基础

《我的马克思主义观》深刻阐述了马克思的唯物史观、阶级斗争学说是中国共产党的指导思想。一个政党的指导思想，其实质就是这个政党的行动指南。一个革命的政党要领导革命成功，就必须有正确的思想和理论来指导，并以此与社会实践相结合。中国共产党在建立之初，正是由于用马克思主义这一正确思想作指导，才迅速地成长壮大的。更为重要的是，李大钊在《我的马克思主义观》中还强调将马克思主义理论和中国的实践相结合，因为"平心而论马氏的学说，是一个时代的产物；在马氏时代，实在是一个最大的发现。我们现在固然不可拿这一时代一种环境造成的学说，去解释一切历史，或者就那样整个拿来，应用于我们生存的社会，也不可抹杀他那时代的价值，和那特别的发现"。我们可以从这一段论述当中看出，

李大钊对马克思的唯物史观的理解是深刻的，因为从唯物史观的角度，即使马克思、恩格斯并没有站在一个时代、一个国家的角度去阐发自己的理论（事实上马恩主观上真的如此），也并不等于马恩本人就绝对不受时代的局限。马克思主义中国化的命题是后来才提出来的，但这里李大钊所表述的正是马克思主义理论和中国实际相结合的思想。从这里我们可以看出李大钊也是站在一个时代的制高点上去看待中国的社会问题的。他第一个从理论上传播了唯物史观，并在行动上努力使对马克思主义的个体的信仰变为群体的接纳；与同时代人相比，李大钊更敏锐地观察到当时中国政治经济的情形及其变化，初步提示了马克思主义基本理论要与中国实际相结合的思想。

依据马克思主义唯物史观，李大钊在《我的马克思主义观》一文中还指出了在中国建立政党的社会基础。李大钊在十月革命以前就注重批判唯心主义英雄史观，接受马克思主义之后，他在这方面的思想便在唯物史观的基础上得到了新发展。李大钊强调人民的力量，认为离开了人民本身，社会主义的实现是万万做不到的。因此，李大钊赞同马克思、恩格斯提出的"檄告举世劳工阶级，促他们联合起来，推翻资本主义"，而且还认为,"这是马克思主义的一个绝大的功绩。无论赞否马氏别的学说的人,对此点都该首肯"。

　　李大钊在《我的马克思主义观》中着重点是在唯物史观方面,绝不是随心所欲的,而是当时的历史条件和现实需要决定的。唯物史观在这个时期成为重点,是和当时的"中国要往何处去"的疑问连接在一起的。要解决"中国要往何处去"这个历史疑问,尤其是要选择"俄国人的路",必须以唯物史观为指导,把马克思主义作为工具来解决中国自己的问题。

第五章 《我的马克思主义观》的时代意义

李大钊是中国最早宣传和介绍马克思主义的革命家和现代化意识的倡导者，同时也是一位知识渊博、学贯中西、有着深厚学术功底的学者。他以这样的双重身份，在为中国变被动现代化为主动现代化而奋斗的历史进程中，对马克思主义有着实事求是的科学态度和全面的、准确的、独到的认识，从而形成了比较完整的、科学的马克思主义观。今天，研究和探讨李大钊的马克思主义观对于进一步解放思想、科学地对待马克思主义学说、认清马克思主义对中国社会的独特意义、加强马克思主义中国化研究并进而推进有中国特色的社会主义现代化建设，有着重要的学术价值和深远的现实意义。

第一节　全面科学地认识马克思主义

马克思主义在19世纪中叶一经创立就被污为"幽灵"，受到欧洲反动势力的联合围攻。一部马克思主义发展史就是和各种反动势力斗争的历史，也是不断改造世界的历史。二战后，马克思主义在与各种反动思潮的斗争中获得新的更大发展，在东方和西方的影响力进一步增强。苏东解体后，各种"马克思主义过时论"、"社会主义失败论"、"共产主义渺茫论"等错误论调甚嚣尘上。但是马克思主义具有的内在的实践品格和与时俱进的理论品质，决定了其在不同历史时期都会有不同的价值形态。历史证明，没有马克思，就没有人类辉煌的历史，也不会有人类更加美好的未来。一些别有用心的人故意夸大社会主义实践中的局部性问题和阶段性失误，从整体上否定马克思主义，这是对马克思主义发展史缺乏深度认识的幼稚表现，终将被更为丰富生动的马克思主义实践史所否定。

一、严肃、认真、谨慎地对待马克思主义

以科学的态度引进和传播马克思主义，并培养一代马克思主义者，是李大钊成为推动社会现代化进程的历史起点。李大钊在阐述他对马克思主义的认识之前，首先向人们表明了他学习和研究、宣传和介绍马克思主义的态度。他在《我的马克思主义观》一文中开宗明义地指出：一个德国人说过，50岁以下的人说他能了解马克思的学说，定是欺人之谈。李大钊坦诚地表白，自己平素对于马克思的学说没有什么研究，如果让他介绍马克思主义，实在是一种僭越。只是因为马克思主义在世界上的影响越来越大，引起了人们的普遍注意，所以他要冒昧地向中国人民介绍这一学说。李大钊对马克思主义的这种严肃、认真和谨慎的态度，不仅仅是由于一个严谨认真求实的学者的本能，更是出于对广大中国人民的负责，对民族、对未来负责的态度。

"五四"前后，由于当时国门大开，各种西方学说涌入中国，各派思想林立，究竟哪一种更适合中国的需要，哪一种更合理，都必须进行认真的研究。不仅要全面研究马克思主义

这一学说，还必须把它与其他学说进行分析和比较。这样才能做到对社会负责，使国民获得真正有用的理论。从这种态度出发，李大钊全面阐述了他对马克思主义的认识。马克思主义被称作科学社会主义，这在五四时期已是常识。但在怎样理解马克思主义科学性的问题上，当时却是因人而异的。仅就共产主义知识分子内部来说，李达指出了马克思主义的革命性、科学性，但他比较多地阐述其是革命的，是非妥协的，是国际的，是主张劳动专政的。陈独秀曾把实际研究和实际活动概括为马克思的两大精神，把科学性归结为实际研究，这种视角反映了陈独秀偏于强调马克思学说的实践性，与他将马克思学说简括为剩余价值、唯物史观、阶级斗争、劳工专政的思路一致，给人一种多少有些忽视马克思主义科学性的印象。李大钊经过了长期系统的政治经济学知识和理论的训练，很早就注意到政有政理、法有法理、学有学理的道理。他思考问题，发表见解，总是试图找出事物、概念或判断之间的历史的和逻辑的关系，对待马克思主义也是如此。在中国近现代思想发展的进程中，对马克思主义进行严肃的学理上的探讨就是从李大钊开始的。学习和研究、宣传和介绍科学的理论，自然也需要科学的态度和科学的方法。李大钊写作《我的马克思主义观》，采取了较为严谨、系统的客观介绍和评论，而不是漫谈或宣布信仰及其理由的方式。这种做法体现了李大钊对待马克思主义的实事求是的科学态度。从这种科学态度出发，在当时材料极为不足的情况下，李大钊除参考日本学者河上肇博士的文章之外，还尽可能地搜集其他零碎的资料，加以细心整理。这使他在这一时期发表的介绍马克思主义以及社会主义思想的文章，在资料的可靠性、客观性及原理介绍的深入性和逻辑性方面显示出明显的不同。他针对一些批评马克思主义的意见所作的解释，注重说理。同时，他也对马克思的某些观点提出批评。这也说明，李大钊最初接受马克思主义并不盲从，而是对马克思的学说采取了科学、认真和求实的态度。这种科学的态度在我们今天很有启示。

二、深入探讨和整体概括马克思主义的理论来源和思想体系

李大钊通过对马克思主义理论来源的深入探讨，揭示了马克思主义在人类思想认识史上的地位。同时，他对马克思主

义学说的思想体系进行整体把握的功夫也是与他同时代的其他马克思主义者所不可企及的。李大钊把唯物史观的形成放到了西方历史哲学的发展中加以考察。他高度评价马克思以前的西方历史哲学对人类认识史所起的推动作用以及对马克思主义的深刻影响。通过对西方哲学史的全面研究，李大钊得出结论：唯物史观并不是马克思独创的，它是在欧洲进步思想家几百年成就的基础上产生的，是近代世界思想革命的一部分。马克思只是发展了前人的成就。李大钊说，在欧洲中世纪，史学完全受神学的支配，几乎无任何科学性可言。到了16世纪至17世纪，一方面科学有了极大的进步；另一方面，欧洲文艺复兴运动把启蒙思想传播于世，使人们建立起唯物论的宇宙观。这些变动在史学内引起了一场革命。一些思想家力求用科学的方法研究历史，在复杂的历史里寻找客观规律，这样就把历史学提高到了与科学同等的地位。近代的思想家不仅要探讨历史的规律，还要在历史中寻找一种决定性的原因。正是圣西门从法国大革命后法兰西的经济情形中，发现了经济力量的重要作用，其历史观乃变为极其重视经济的因素。他认为，政治对于社会的作用是第二位的，构成社会基础的以及决定历史进程的，实是那致人类生活于可能的产业组织。在李大钊看来，马克思是近代思想革命的集大成者。他说：自有马氏的唯物史观，才把历史学提到与自然科学同等的地位。此等功绩，实为史学界开一新纪元。从考察李大钊的史学论著出发，我们可以发现他曾多次论述是近代思想家的共同努力使历史学成为科学。李大钊明确指出：唯物史观，也不是由马氏创的。他认为孔道西算是唯物史观的开创者。圣西门把经济的因素视为头等重要。其后的一些人，如蒲鲁东也都以国民经济为解释历史的钥匙。直到马克思，总结了前人的学说，并加以创造性地说明，遂以造成马氏特有的唯物史观，而于从前的唯物史观有伟大的功绩。李大钊不仅指出众多思想先驱对唯物史观的贡献，还探讨了马克思主义理论中其他部分的思想来源。关于经济论，他认为，马克思的经济学说所指出的有产阶级的生活全靠无产阶级的劳动维持，这并不是马氏新发明的理论，从前西斯蒙第、圣西门、蒲鲁东、罗德贝尔图斯诸人，在他们的著作中，也曾有过这种议论。李大钊还客观地评价了科学社会主义产生的原因。认为，科学的社会主义可以说是空想的社会主义的产儿。科学社会主义虽然是马克思、恩格斯创立的，但他们也是受了前人的启发。李大钊认为，科学社会主义的基础是唯物史观，因此圣西门是为从空想社会主义向科学社会主义转化开拓道路的人。科学社会主义学说毕竟是西方文明的产物，为了弄清马克思主义的社会主义与其他社会主义流派之间的关系及其异同，李大钊在《我的马克思主义观》、《社会主义与社会运动》、《圣西门的历史思想》、《美利坚之宗教新村运动》等文章中，对包括马克思主义在内的欧美各种社会主义流派进行了比较研究，揭示了科学社会主义的理论来源。在探讨马克思主义理论来源的同时，李大钊对马克思主义的思想体系进行了整体性的概括。他指出，马克思主义是一个庞大而又完整的体系，必须将其中的各个部分联系起来理解，不能随意将马克思主义割裂。他说，马克思的理论，大致可以分为三个部分：一是关于过去的理论，就是历史观；二是关于现在的理论，就是他的经济论；三是关于将来的理论，也就是社会主义理论。李大钊认为，唯物史观是马克思整个理论体系的基础和出发点，阶级斗争理论则是它的核心。他说：离开了他的特有的历史观，去考察他的社会主义，简直是不可能的。因为根据他的历史观，他能够确定社会组织是由如何的根本原因变化而来的；然后根据这个确定的原理，以观察现在的经济状态，就把资本主义的经济组织，变为分析的、解剖的研究，预言现在资本主义的组织不久必移入社会主义的组织，是必然的运命；然后更根据这个预见，断定社会主义的手段、方法仍在最后的阶段竞争。他这三部理论，都有不可分的关系，而阶级竞争说恰如一条金线，把这三大原理从根本上联络起来。李大钊对马克思主义理论体系的这些精辟概括，是在中国人著作中对马克思主义所作的第一次较为系统和较为完整的介绍，体现了李大钊在政治上的远见卓识，对于普及马克思主义的宣传、促进中国人民的觉醒、推动中国革命的发展，具有极其重要的意义。

三、辩证理解、独特审视马克思主义唯物史观

自从马克思创立唯物史观以来，就一直存在着把唯物史观歪曲为一种经济决定论的倾向，唯物论与经济决定论这两个概念常常被人们混淆在一起，引起误解。如何辩证解决能动论与决定论的关系问题，直接关系到如何准确把握和理解马克思主义唯物史观的基本精神。李大钊在接受马克思主义唯物史观的过程中，通过对它的独特审视，辩证地解决了能动论与决定论

的关系，因而得出了马克思主义适合中国国情的结论，开创了马克思主义中国化之先河。

李大钊认为，对马克思主义的理论体系以及其中的每一个组成部分都应当全面理解和认识。据此，他从人类认识发展的角度来发掘唯物史观的真实意义，指出，从前人们把历史看作是政治史，这种历史观过于片面。新的历史观认为人的历史是人类的社会生活史。人类的社会生活，是种种互有关联、互有影响的活动，故人类的历史，应该是包括一切社会生活现象的广大活动，政治的历史，不过是这个广大活动的一方面，是社会生活的一部分，不是社会生活的全体。李大钊认为，唯物史观的意义就在于它指出了在这互有关联、互有影响的社会生活里，有着社会进展的根本原因。社会进展的根本原因就是经济的因素。李大钊还说：马克思所以主张以经济为中心考察社会的变革的缘故，因为经济关系能如自然科学发现因果律。这样子遂把历史学提到科学的地位。一方面把历史与社会打成一气，看作一个整个的；一方面把人类的生活及其产物的文化，亦看作一个整个的；不容以一部分遗其全体或散其全体。与吾人以一个整个的活泼泼的历史的观念，是吾人不能不感谢马克思的。根据李大钊的解释，唯物史观是要通过寻找社会进化的根本原因来增进人们对历史的全面认识，它是基于社会组织和社会结构的分析。所以唯物史观的方法与以往政治的或神学的方法全然不同。他的目的，是为得到全部的真实，其及于人类精神的影响，亦全与用神学的方法所得的结果相反，这不是一个供权势阶级愚民的器具，乃是一种社会进化的研究。而社会一语，包含着全体人民，并使他们获得生活的便利，于他们的制度和理想。李大钊强调唯物史观采用的是全面分析的方法，而不是像以往那样只注意部分的方法。李大钊认为，马克思用这种方法对经济基础和上层建筑的关系进行分析，得出了对社会结构的整体性表述。在这个整体结构中，经济因素起着决定作用，但不是说经济因素就能代替社会中的其他所有因素。他说，从前历史的内容多是以政治、外交活动为中心，及后到了马克思，才把历史真正意义发明出来，我们可以从他的唯物史观的学说里看出。他把人类生活作为一个整个的解释，这生活的整个便是文化。文化是以经济作基础，他说有了这样的经济关系，才会产生这样的政治、宗教、伦理、美术，等等的生活。假如经济一有变动，那些政治、宗教等生活也随着变动了。

在李大钊看来，唯物史观最有价值的观点是，发挥人的主观能动作用，激发人的革命积极性，创造美好未来。他深信：决定论和能动论、历史必然性与人的有目的的活动是统一的。李大钊认为，社会主义是历史的必然，马克思主义适合中国国情，中国的再生与复兴是同社会主义的现实联系在一起的。根据马克思主义经典作家和河上肇对唯物史观的理解，李大钊把唯物史观概括为两个核心要素。其一是说人类社会生产关系的总和，构成社会经济的构造。这是社会的基础构造，一切社会上政治的、法制的、伦理的、哲学的，简单说，凡是精神上的构造，都是随着经济的构造变化而变化。唯物史观的要领，在认经济的构造对于其他社会学上的现象，是最重要的；更认经济现象的进路，是有不可抗性的。这就是经济基础决定上层建筑的原理。李大钊强调，物质生产力是社会发展的最高动因。其二是说生产力与社会组织有密切的关系。生产力一有变动，社会组织必须随着它变动。李大钊指出，人们不可随心所欲地离开生产力去改变社会组织。这个生产力，非到在它所活动的社会组织里，发展到无可再容的程度，那社会组织是万万不能打破的。而在这旧社会组织内，长成它那生存条件的新社会组织，非到自然脱离母胎，有了独立生存的运命，也是万万不能发生。恰如孵卵的情形一样，人为的助长，打破卵壳的行动，是万万无效的，是万万不可能的。这一段话，至今读来仍感颇有见地。李大钊十分注重传播马克思主义的阶级斗争学说，他指出："阶级竞争说恰如一条金线"，把马克思主义的三个主要组成部分从根本上联络起来。他正确地阐释了阶级斗争对历史发展的推动作用。他认为，社会组织改造必须通过阶级斗争，社会主义的实现除了诉于最后的阶级竞争，没有第二个再好的办法。李大钊介绍了马克思主义关于阶级的产生、消灭的理论。他指出，马克思并不认为阶级斗争是从来就有的，阶级斗争背后深藏着复杂的经济原因，应通过阶级斗争来消灭阶级。他说：到了生产力非常发展的时候，与现存的社会组织不相应，最后的阶级斗争，就成了改造社会、消灭阶级的最后手段。所以他号召人们要勇敢地、恰当地、适度地进行阶级斗争。

李大钊在唯物史观方面具有很多真知灼见，但是也有某些认识不到位的地方，明显存在着对唯物史观的某些误解，掺杂有某些非马克思主义的成分。其一是将唯物史观误解为机械的经济决定论，其二是含进化论的杂质，其三是受克鲁泡特金互助论的影响。但我们不能责怪前人，受制于当时的历史文化条件，李大钊所规范的唯物史观基本理论有些局限，在所难免。但他那气势磅礴的探索真理的勇气和开创马克思主义中国化之先河的精神，是马克思主义的无穷财富，是永远有益的历史启示。

四、科学研究和运用马克思主义，为马克思主义在中国的发展积累宝贵的经验

李大钊从选择马克思主义之初，就对马克思主义在被运用的过程因时、因所、因事的性质情形的不同而发生变化有着清楚、自觉的认识，并渗透到研究和运用马克思主义的具体实践中，从而为马克思主义在中国的发展留下了极为宝贵的经验。重视研究马克思主义产生的时代条件及其适用性问题，李大钊主张，要采用一种学说，首先要研究它的适用性。一是要研究这一学说产生的时代背景和环境条件，二是要研究我们自己的

时代和环境，看两者之间究竟有多少差异。

他认为，马克思主义并不是凭空产生的，而是一定时代和一定社会历史条件下的产物。平心而论马氏的学说，实在是一个时代的产物，在马氏时代，实在是一个最大的发现。我们现在固然不可拿这一个时代一种环境造成的学说，去解释一切历史，或者就那样整个拿来，应用于我们自下而上的社会，却不可抹杀他那时代的价值，和那特别的发现。我们批评或采用一个人的学说，不要忘了他的时代环境和我们的时代环境就是了。在李大钊看来，唯物史观从经济的角度解释历史这种观点，只是西方世界进入资本主义时代经济的力量取代政治和宗教力量支配社会这一特定条件下的产物，是西方资本主义社会现实的反映。因此必然有一定的局限性。它并不是无条件的，放之四海而皆准的，更不能不加区别地用来解释所有国家或地区的历史现象。尤其在资本主义时代以前，是政治的和宗教的势力占统治地位，社会历史现象就不能完全归结为经济的原因。例如，对十字军东征这一重大历史事件，若按唯物史观的观点，是要从经济方面去解释，但李大钊却认为尽管其中可能有一小部分经济的原因，却不能完全从经济方面理解，而应注重其中的宗教狂热。就连西方的历史都不能完全用唯物史观去解释，更何况中国的历史了。所以李大钊主张不能把马克思主义整个拿来，不加区别、不加研究就盲目地应用。更重要的是，他指出马克思本人对自己理论的局限性并没能明确地认识到。李大钊的意思可能是说，马克思的这种不自觉有可能增加了他对其理论的自信，从而夸大了这一理论的普遍适用性。李大钊的态度是，尽管马克思本人并未自觉认识自己学说的条件局限性，但他作为研究和借鉴者却不能不注意这一点。

这种见解对于我们准确地把握马克思学说的适用性、注重理论联系实际有着重要的意义。强调学习马克思主义的内容是方法而不是简单接受结论，无论是过去还是现在，大多数人只看到唯物史观强调经济因素起决定作用这一表面现象，而不能认识唯物史观对于促进全面认识历史的真实意义。于是批评者便攻击马克思以偏概全，而追随者又把经济决定论奉为教条，却忽视了其他多种因素在历史上的作用。这都是因为人们只注意马克思的具体结论，却不重视研究马克思理论在方法上对于促进人类认识史的重要意义。李大钊的认识与此全然不同，他注重的是马克思的方法，而不是具体结论。在他看来，经济决定论这一具体结论是受西方近代社会环境影响的，具有一定的局限性，因此对它的应用要慎重。但是马克思以社会为单位认识历史的角度以及对社会组织和社会结构的重视，体现着对社会的整体性认识方法，这是值得学习和应用的，所以李大钊高度赞扬唯物史观关于社会整体性认识的理论。倡导对待马克思主义不迷信、不盲从、反保守、重开拓。李大钊用学者的态度，严肃、谨慎地对待马克思的学说。他认为所有对人类认识史作出贡献的思想家都有着同等重要的价值。李大钊充分肯定前人对马克思主义的影响，明确地指出马克思主义与以前学说的联系，因而没有割断历史，也没有将马克思主义孤立化和神化。他把马克思主义看作是人类认识史发展到一定阶段的产物，认为将来随着人类认识的不断进步，还会有更新、更优越的学说代替它。

李大钊把马克思主义当作一门学问来研究，而不是当作教条信奉。这是他与后来的大多数马克思主义者所迥然不同的。他引用培根的话说："真理是时间的产儿，不是权威的产儿。"以此表明他的真理观，强调真理不是固定不变的，而是发展的。以李大钊为代表的中国第一代马克思主义者在传播马克思主义之初，就认识到马克思主义必须与国情相结合，才能成为拯救中国的导星。对于中国共产党人来说，马克思主义中国化是一项创造性事业，需要创新精神才能实现。李大钊恰恰满足了这样一个要求。李大钊不是一个因循守旧的人，而是一个具有杰出创新意识、勇于开拓的人。正是这样一种反保守、重开拓的现代化意识，渗透于李大钊的马克思主义思想中，使他对中国社会现代化作出了不可磨灭的历史贡献，这也是我们今天研究李大钊的马克思主义观的重要意义之所在。

第二节　有效地抵制形形色色的非马克思主义思潮

尽管马克思主义会随着时代的发展而发展，从19世纪中叶到今天，马克思主义已经经历了从理论到实践的发展历程，经过从欧洲到全球无产阶级斗争的检验，并且依照马克思主义理论，诞生了列宁主义、毛泽东思想等带有国情特点的马克思主义，但反马克思主义的思潮无论怎样改头换面，本质上却还是一样的。东欧剧变后，国际共产主义运动暂时处于低潮，在近代曾出现过的各种各样的反马克思主义思潮重新粉墨登场，一时间沉渣泛起，不可一世，甚至另一种面貌的马克思主义观也出现了，他们打着反思传统的旗号，公然叫嚣马克思主义过时了，没用了。很显然，我们当今仍然还需要一次新的马克思主义的传播，只不过，这一次的传播应该比五四时期的传播范围更广、人数更多，面对的群体也不仅仅是知识分子，应是更广大的民众。

一、关于民主社会主义

现今的民主社会主义是从社会民主主义演变而来的。在19世纪中叶，马克思主义者曾把社会民主主义看作科学社会主义的同义语，所以，在当时欧洲各国依照马克思主义建立的社会主义政党就都叫社会党。但是马克思恩格斯本人历来认为社会民主主义这一提法是不科学的，是不适合做工人政党的名称的，只是因为当时的各国社会党把马克思主义作为自己的纲领和策略的基础，所以才暂时容忍了这个提法。但是，到了19世纪末，第二国际内部伯恩斯坦修正主义泛滥，欧洲大多数的社会党纷纷导向修正主义，借口社会历史条件发生变化，否定科学社会主义的基本原理，反对阶级斗争理论，攻击无产阶级专政，主张阶级调和，甚至无视日益尖锐的社会矛盾，反对无产阶级革命，主张通过改革和改良的手段来实现社会的社会主义改造。民主社会主义由此而来。

民主社会主义和近代李大钊抨击过的行会社会主义有极为相似的主张，那就是两者都反对阶级斗争，宣扬劳资调和，主张社会改良，但民主社会主义比行会社会主义更具欺骗性，由于其挂着"社会主义"和"民主"两个面具，加上身后的理论根基、一定的历史背景使得它更具影响力，足以欺骗相当一部分马克思主义理论根基不深的人。在近代，由于十月革命前后，列宁曾旗帜鲜明地与民主社会主义进行过斗争，中国几乎没有民主社会主义的蔓延，我们党历史上也没有受到民主社会主义的影响。进入20世纪八九十年代，随着世界社会主义运动跌入低谷，民主社会主义思潮在我国开始出现，他们打着解放思想、发展马克思主义的旗号，对科学社会主义进行了攻击和歪曲。

我国出现民主社会主义并不是偶然的。一百多年来的国际共产主义运动表明，当资本主义发生危机、工人运动蓬勃发展时，民主社会主义思潮的影响就会大大缩小，而当资本主义相对稳定、工人运动处在低潮时，社会民主主义思潮就会迅速蔓延。我国出现的民主社会主义思潮是和20世纪社会主义运动回落联系在一起的。由于国际共产主义运动处在低潮，我们当中的一部分人对马克思主义产生了怀疑，丧失了理想信念，对中国特色社会主义的前途产生了疑问，加上西方社会从50年代就开始进行和平演变，他们抓住社会主义实践中的失误和弊病，无限夸大，企图全面否定已有的社会主义制度，把现实中的社会主义制度妖魔化。这部分人深知在中国全面抛弃社会主义、照搬美国会带来激烈的社会对抗，于是就转向西欧的社会民主党。应该指出，民主社会主义是得到西方垄断资本主义的支持的，垄断资本主义之所以向社会主义国家极力兜售民主社会主义，就在于他们实际上是把民主社会主义当作他们打败共产主义的一个强有力的工具，这一点应该值得那些极力推崇民主社会主义的人深思。

我们中国共产党一向是反对民主社会主义思潮的，因为民主社会主义在本质上是资产阶级思潮，与科学社会主义是对立的两个理论体系。我们知道社会主义必然胜利、资本主义必然灭亡是马克思主义最基本的常识，但民主社会主义认为现实社会是社会主义和资本主义各有存在的理由和优势，世界是多极化的，社会主义正在吸收资本主义的长处，资本主义国家也吸收了社会主义的长处，未来世界不是社会主义取代资本主义，而是社会主义和资本主义的大融合。这种趋同论的观点，远一点说是伯恩斯坦"资本主义和平长入社会主义"修正主义的翻版，近一点说，只是简单重复了戈尔巴乔夫的所谓"新思维"。

实际上，两种社会制度的相互借鉴和学习，只是在运行机制方面，社会的根本制度则永远是相互对立的，存在的只是取代关系，或者按照社会发展规律，社会主义取代资本主义，或者在特殊环境下，由于阶级力量对比关系发生逆转，社会主义国家复辟资本主义制度，像苏联东欧那样。民主社会主义反对阶级斗争，主张阶级调和；反对无产阶级专政；反对通过革命取得政权；反对党的工人阶级性质、最终奋斗目标和政治核心作用；尤其是其反对以公有制为主体，主张指导思想的多元化，其哲学基础是抽象的人道主义，因此，其在本质上是彻头彻尾的资本主义，根本不是社会主义的一种模式。而我们中国特色社会主义和苏联模式在本质上是一样的，是社会主义制度。

二、关于历史虚无主义

在近代中国，历史虚无主义是作为同全盘西化论相呼应而出现的一种错误思潮，但是近代产生的历史虚无主义是和清末外部帝国主义殖民势力强大而国家内部积贫积弱现象联系在一起的。但是很多中国人还没有弄清楚偌大的中国怎么顷刻间成了任人宰割的羔羊，因此对中国的传统反思加上一部分人被外来强敌所震慑而产生的媚外心理导致的。

历史虚无主义在20世纪80年代死灰复燃，也和全盘西化相一致。如果说，近代的历史虚无主义产生还有对中国社会的落后原因认识不清，对帝国主义势力抱有幻想的话，80年代死灰复燃的历史虚无主义全然没有了这种借口。当今的历史虚无主义思潮是世界社会主义运动处在低潮形势下的一种历史现象，是对西方反共势力企图"和平演变"社会主义中国的一种呼应，反映了新时期现代化建设和改革开放中的逆向要求。

第一，"告别革命"论是当今历史虚无主义思潮的集中表现。竭力贬损和否定革命，嘲弄和诋毁中国人民争取民族独立和人民解放而进行的反帝反封建斗争，嘲弄和诋毁我国六十几年社会主义建设所取得的伟大成就是当今历史虚无主义的最突出表现。历史虚无主义者拼命渲染革命的"弊病"和"祸害"，叫嚣"革命是一种能量消耗，而改良则是一种能量积累"，"改良可能成功，革命则一定失败"。他们否定历史上的农民运动，认为"很难得出农民运动是推动历史前进动力的这个普遍的结论"，他们抬高洋务运动，贬低戊戌变法，抬高清廷的所谓新政，贬低辛亥革命、五四运动和中国共产党领导的新民主主义革命。尤其是2011年在纪念辛亥革命100周年的时候，这种"告别革命"的论调一度强劲起来。毫无疑问，改良和革命都是社会改造的途径，但改良只是缓慢地、渐进地改造旧事物，其进步意义是有限度的，中国近代的历史已经证明了改良主义不能挽救中国。这种否定革命的论调的根本目的是以证明辛亥革命、五四运动、新民主主义革命以至社会主义制度在中国的建立都是一场误会为理由，达到他们扭转中国社会历史走向的目的。这是关系到国家、民族前途和未来的大是大非问题，是必须认真研究的。历史上没有哪一种社会制度的建立是依靠改良的，包括君主立宪的英国资产阶级革命。

第二，当今的历史虚无主义虽是以学术研究的面目出现的，但是由于其有着明确的政治诉求，要求重新评价历史，尤其是中国共产党的历史，明白无误地把矛头指向了中国革命和社会主义制度，指向了中国人民的先锋队组织——中国共产党，所以历史虚无主义的肆意蔓延绝不仅仅是思想的解放和争鸣，是资本主义势力向社会主义国家的进攻，是颠覆中国特色的社会主义建设事业之举！对此，我们必须要有清醒、深刻的认识。

历史虚无主义违背"实事求是"的历史研究的根本原则，打着"思想解放、理论创新"的旗号，对历史进行了违背事实的主观臆断。他们用一些片面的材料，轻易作出结论，轻易推翻过去的判断，并把它当作创新的结果塞给世人，这对于不了解历史的年轻人来说，危害是巨大的！无中生有、断章取义、忠佞颠倒、指鹿为马是历史虚无主义者一贯的做法！拿历史当儿戏去肆意戏说哪里还有一点点学术研究的味道？但是历史虚无主义者的这种片面性完全不能用其研究的随意性来解释，他们是有明确的取舍标准的，他们虚无的是人民革命的历史和历史中的进步人物，而面对反动的统治者、历史的倒退者甚至卖国者，则加以美化。这就是他们的重写历史的实质。历史虚无主义的严重危害可略见一斑了。

　　历史虚无主义对分化瓦解主流意识形态，扰乱人们的思想起到了恶劣的作用。历史虚无主义散布的种种言论，不仅仅是史学研究领域的大是大非问题，更是国家民族安身立命的根本问题。是维护历史的本来面目还是歪曲历史真相；是高扬民族精神还是鼓吹妥协投降；是在历史的主流当中汲取精神力量还是在历史的支流当中找寻负面影响；是坚持唯物史观还是退回唯心史观，这些问题本来就是一个国家、一个民族立足和发展的思想基础。历史虚无主义必然导致民族虚无主义和文化虚无主义，导致民族精神的萎靡和对未来的丧失信心。20世纪80年代风靡一时的大型电视剧《河殇》就是其中典型的例证。由于历史虚无主义颠倒是非、混淆视听，任其发展下去，必然动摇中国人民的共同理想，摧毁近代以来中国人苦苦追求的国家富强、民族振兴的伟业，使国家陷入万劫不复的境地。近几年来，社会上是非不分、善恶颠倒、荣辱不辨的混乱局面以及"躲避崇高"、"拒绝壮烈"之类的言论大行其道，正是历史虚无主义横行的结果。

因此，必须认清历史虚无主义是适应西方反共势力"西化、分化"中国的战略企图，策应敌对势力对我国的和平演变的，它是从根本上动摇社会主义中国的立国之本和强国之路的。反击历史虚无主义，就是要大力宣传马克思主义，旗帜鲜明地坚持四项基本原则，坚持走中国特色的社会主义道路。

三、关于"普世价值"

"普世价值"思潮的出现大体是20世纪90年代中后期，开始时只有个别学者讨论，2000年以后影响稍有扩大，但截止到2006年，其影响主要在学术界。2007年起，"普世价值"思潮迅速升温，这是继民主社会主义思潮之后我国意识形态涌起的又一社会思潮。这股社会思潮在2009年至2010年达到高潮，此后有所消退，但至今仍余波未平。

普世价值认为：西方的民主、自由、平等、公平、正义、人权、法治、宪政等是人类社会共同追求的"普世价值"，中国要实现现代化，要富国强民，必须承认"普世价值"，要以"普世价值"为尺度，改造中国社会，跟国际社会的主流意识形态相接轨。在"普世价值"面前，没有资本主义和社会主义的分别，解放思想一定要确立"普世价值"的观念。他们甚至认为，改革开放30多年取得的历史成绩，正是确立了"普世价值"的结果。

但是关于"普世价值"，即使是那些笃信"普世价值"的学者也没有一个关于它的统一的概念，有些学者甚至于对基本概念的认定上持截然对立的观点，显现出其概念缺乏严谨性与科学性。这里需要指出的是，那些宣扬"普世价值"的人，对普世价值的学理并不感兴趣，他们并不专注学理的研究，他们或是把西方的价值观说成是普世价值，把自由、民主、人权、公平、正义、平等、博爱看成是人类文明的主流成果；或是把儒家思想看成是普世价值，把仁义礼智信、中庸、和谐、孝道等伦理道德原则和社会政治理念看成是人类文明的主流成果。归根结底，他们是要彻底否定马克思主义，否定中国的社会主义道路。

"普世价值"从抽象的人性论出发，说明"普世价值"的存在。在他们看来，人类有着向善的天性和理性，在这些普遍的人类共性的驱使下逐渐形成超越时代和地域限制的、全人类共生共有的"普世价值"。但是历史上从来就没有抽象的、超阶级的、属于全人类的"普世价值"马克思主义经典作家一直在批判资产阶级的超阶级的永恒存在的人性观。前苏联正是从这种抽象的人性论、人道主义出发，完全放弃了马克思主义的阶级观点和阶级分析方法，在复杂的政治斗争和阶级斗争面前迷失了方向，才酿成了亡党亡国的惨剧！另外，西方的民主、自由、平等、人权、和谐并不是"普世价值"，即使在自我标榜最为民主的美国国内，民主也不是"普世"的，不是每个人都能够享受到的。

2011年9月份，美国由于严重的分配不公和两极分化，加上金融危机后的高失业率，爆发了席卷全美的"占领华尔街"运动。按照美国的民主观念，民众以集会示威的方式表达自己的政治愿望、政治诉求，是最正常不过的民主了，是天经地义的。但是，"占领华尔街"运动发生的两周内，就有1000人被捕。10月1日，纽约警方又以妨碍交通为名逮捕了700多名示威群众。10月9日，又逮捕92人。11月15日，纽约警方出动防暴警察对占领华尔街运动的大本营祖克蒂公园强制清场，逮捕200多人。除此以外，芝加哥、奥克兰等地的示威人群也遭到警方的逮捕和镇压，多人被警察拖走时受伤流血，许多示威者指控警方手段残忍。这种肆意践踏民众集会游行示威和言论自由的行为,给美国的民主自由作出了真实的注解。

马克思主义认为,在阶级社会,全人类的共同利益无法孕育出属于全人类的"普世价值"。即使在今天,全球各国联系与交往日益密切,人类面临着许多共同的经济、政治、社会、环境等问题,也无法用"普世"性的价值观去规范人类的行为。我们今天所面临的世界性的诸如核威胁、恐怖主义、环境污染、资源枯竭等问题的解决就可以说明一切。2009年9月,在丹麦首都哥本哈根召开的世界气候大会就可以说是对"普世价值"的极大讽刺。与会的190多个国家都认识到全球环境问题的严重性,都表示应对全球气候变化采取行动,但发达国家和发展中国家在如何采取行动上分歧巨大,使此次会议没有达成任何实质性协议便黯然落幕。尤其是美国代表团在会议中的恶劣表现,让广大的发展中国家感到愤怒和震惊。仅就碳排放量的议定而言,美国拒绝接受受到国际社会普遍认可的"共同但有区别的责任原则",无视中国人均碳排放量仅为美国的1/5的现实,片面强调中国将来可能的碳排放量,要求中国要对碳排放量做出相应的承诺。这种无耻的霸道行径自然激起了发展中国家的强烈不满。

西方的宪政同样也不是什么"普世价值"。看看资本主义宪政的发展史就可以证明一切。资本主义宪政是资产阶级民主革命的产物，并不具有"普世性"。在资产阶级革命胜利后作为成果而产生的宪政也不适用于所有国家和所有人，它只是资产阶级统治的工具，具有阶级性。资本主义国家在其发展中尽管言必称民主、自由、人权，但对于危及到自己权力和利益的行为，从来没有过心慈手软，从来不在意道义和公平，也没有人权和自由之说了。

前苏联是社会主义国家极力倡导"普世价值"而导致亡党亡国的深刻教训。戈尔巴乔夫就是大力推行超阶级的民主，倡导"人道的、民主的社会主义"而使国家陷入了万劫不复的深渊的。这里需要提及的是，个别"普世价值"的推手别有用心地提出"马克思主义是普世价值"的观点，欲使我们陷入进退维谷的境地，对此，我们要有清醒的认识。马克思主义是无产阶级的思想体系，是无产阶级解放本阶级的理论武器，并不是适用一切人、一切时代的"普世价值"。也正因为马克思主义有着鲜明的阶级性，自马克思主义产生以来，这个人类历史上最伟大的思想就遭到了国际资本主义的疯狂扼杀，被当作幽灵一样地看待，马克思主义者遭到各国资产阶级政府的残酷迫害，这样一种让资产阶级切齿痛恨的思想怎么可能成为"普世价值"呢！

第三节 开始马克思主义中国化的研究

自从提出马克思主义中国化的理论开始，恐怕就没有人会对李大钊是马克思主义中国化的第一人持质疑态度，同样，也不会有人质疑李大钊将马克思主义中国化是以《我的马克思主义观》的成文为起点的。

一、科学认识马克思主义是马克思主义中国化的基础

李大钊是中国共产党历史上第一个自觉地认识和传播马克思主义的忠诚战士，他以一篇《我的马克思主义观》表明了自己的马克思主义思想，并在马克思主义思想的指导下，发扬了"战斗的唯物主义"者风格，开创了中国革命的新篇章。今

天，社会主义中国改革发展既取得了巨大的成绩，同时也到了一个关键而敏感的时期。改革发展中的复杂情况使得社会上"杂音"频起，一股股质疑改革和中国特色社会主义建设喧嚣时隐时现。出现这种状况，是因为现实生活中出现的许多问题扰乱了人们的思维、混淆了人们的视听，从而松动或丧失社会主义的理想和信念，造成了现实中的迷茫。而导致这些现象的根本原因则在于，人们对"什么是马克思主义"没有搞清楚。因此，尽管马克思主义从理论到实践已经有了近一个世纪，今天仍然很有必要再次提及这个问题。

在《我的马克思主义观》中，李大钊认为，理解什么是马克思主义，首先应当弄清楚马克思主义在经济思想史中的地位。很显然，李大钊是深谙马克思主义精髓之人，他所重视的"社会主义经济学"即是马克思的"资本论"。由于把握了马克思主义唯物史观的"秘密"，李大钊展开了对生产力与生产关系、经济基础与上层建筑、社会形态等理论的阐述。同时，还结合生产方式的变迁问题，谈及了马克思的"阶级竞争"说，至此，李大钊已基本上描绘了马克思主义理论的基本轮廓，涉及了剩余价值学说、唯物史观和科学社会主义理论等三个方面。

但需要注意，马克思等人在创立"马克思主义"时坚持拒绝马克思主义的"桂冠"，为什么"马克思们"会产生这样的态度呢？这一半是因为创立者谦虚而认真的学风和态度，一半则是因为几乎与马克思主义理论为人们所熟知的同时，质疑者有之，庸俗化者有之。恩格斯则认为：共产主义不是学说，而是运动。它不是从原则出发，而是从事实出发。换言之，他们并不认为自己创立了什么理论体系，"仅仅"注重研究现实课题——革命的实践。可以说李大钊也沿袭了以往马克思主义经典作家的惯例来对马克思主义进行解读。这当然既是由马克思主义理论的本质特点决定，也和李大钊个人的学者风范有关，这一点，对于我们今天马克思主义中国化的研究有方式方法上的指导意义。

当然，现实生活的不断发展变化，使得"什么是马克思主义"这样的疑问会永远存在；只要共产主义运动的实践还在继续，探索这一追问的科学回答也绝不会终止，因为马克思主义是一个集实践开放性和理论开放性于一体的"未完成的规划"。所以，对于"什么是马克思主义"，既不在马克思主义经典作家的"本本"里,也不在研究者的笔头上,而是在日趋发展和丰富的实践中,特别是在社会主义建设的系统工程中。马克思主义中国化也是这样一个过程。

马克思主义中国化是马克思主义在中国合乎中国社会发展规律的发展,但是如果没有对原生态的马克思主义的深刻理解,何来合乎中国社会发展规律的发展?包括马克思本人也不是简单地从欧洲资本主义的发展中来阐述和论证社会主义和共产主义的,而是从历史发展的长河中去论证实现共产主义的科学性、必然性。理解马克思主义不能从一时一世的角度出发,一定要站在历史发展的角度。不能以急功近利的态度来看待马克思主义,更不能因社会发展在一段时间里呈现出曲折而轻言马克思主义过时。现实生活中,有些人把人类社会某一领域中的科学发明创造与贯穿人类历史长河的马克思主义相并列,这是不科学的。

二、研读国情是马克思主义中国化的前提

李大钊是一个伟大的爱国主义者和先进的知识分子。早在日本留学期间就已经形成其特定的国情观。《我的马克思主义

观》一文虽是重点宣传马克思主义理论,但是深谙马克思主义精髓的李大钊也强调注意马克思主义产生的时代特点,强调区分马克思主义产生的时代环境和我们所处的时代环境的区别,"我们批评或采用一个人的学说,不要忘了他的时代环境和我们的时代环境就是了",这为他后来提出"深入研究中国与社会主义的关系及其实行的方法"这样一个重大命题奠定了基础,也表明了李大钊是最早把马克思主义运用到中国革命实际的革命先驱。

《我的马克思主义观》是李大钊的国情观的理论基础,是他的"不可与客卿谋"思想的基础。这对于我们研究当下国情有很多启示。

研究国情必须以科学的理论作为指导。李大钊是在掌握了马克思主义这个无产阶级和被压迫人民寻求解放的最强大思想武器之后,才得出了符合现实和历史逻辑的科学国情观,从而有了他以后的革命思想和革命活动。当前研究中国国情,还必须坚持科学的理论作指导,坚持以与时俱进的先进理论为指导,这个理论就是中国化的马克思主义,即毛泽东思想和中国特色社会主义理论体系。

研究"国情"必须以"世情"为背景依据。李大钊研究国情的重要方法是以"世情"为背景依据。这也是我们研究国情必须长期坚持的原则。十月革命后，世界革命已经由资产阶级革命的时代，进入了无产阶级和被压迫民族解放的新时代。李大钊通过比较分析认为中国必须走"俄国人的路"，中国之振兴，中华之崛起，必须走十月革命的道路，这是李大钊以世界的眼光分析中国国情而得出的必然结论。在改革开放的历史时期，中国共产党把中国放在世界大环境中进行分析，作出改革开放的伟大决策，在此基础上进一步分析中国社会的基本矛盾、社会主义发展阶段、社会主义的本质和根本任务等，最终走出了一条具有中国特色社会主义的道路。不断地推进国情研究，时时了解中国、处处了解世界，是全球化视域下进行中国特色社会主义建设的必然要求。

必须以发展的观点认识国情，树立动态国情观。"言国情者，必与历史并举"，也就是说研究国情，必须要在历史的发展中深入认识不断变化了的国情。马克思主义中国化的首要问题是要搞清中国的现状，尤其是正在变化的现实。李大钊认为：近今之国情，较往昔之国情为尤要。也就是说，我们认识国情，需要研究中国的过去，但重要的是，我们要研究中国当前的国情。当今中国最大的国情是我国仍处于并将长期处于社会主义初级阶段的基本国情没有变。在当代中国，落实科学发展观，就是要"立足社会主义初级阶段基本国情"，科学分析新时期、新阶段的发展特征。

科学社会主义诞生以来的实践证明，马克思主义只有与本国国情相结合，才能焕发出强大的生命力、创造力、感召力。研究国情，必须以发展的观点认识，把当前的国情放在重点研究的地位。推进马克思主义中国化必须加强对国情的研究。

三、马克思主义中国化在今天依然需要马克思主义的大力传播

当年李大钊以一篇雄文《我的马克思主义观》掀起了中国马克思主义传播的热潮，但是不难理解，那时候的马克思主义传播还仅仅限于知识分子层面，对于更广大的民众来说，马克思主义是无从了解也无从理解的。就连参与五四运动的爱国学生和广大工人更多的也是出于对国家、对民族的责任感，或者对半封建半殖民地社会的痛恨而走到革命队伍中去的。

今天，我们处在一个与五四时期完全不同的社会环境中，马克思主义从理论到实践已经有将近一个世纪的时光。尽管这其中社会主义国家屡经磨难、命运多舛，但是社会主义是一种潮流的趋势没有改变。中华人民共和国的光辉历程已经使社会主义的观念深入人心，现今人们对于社会主义的热爱并不是简单地由于对旧社会的痛恨，更是由于对社会主义实践中的成果的认定。但是，我们也该看到，随着苏东剧变，国际社会主义运动步入低潮，加上二战之后资本主义世界的新变化，使得社会主义、共产主义的理想信念受到了前所未有的挑战。尤其是20世纪七八十年代以后，产生于30年代的新自由主义思想被捧上了英美等国家的主流理论学说的宝座，这些国家凭借其经济发展的优势，大肆向外输出新自由主义思想，倡导完全的私有化和自由化。大量的发展中国家由于没有认清新自由主义的本质，没有看清新自由主义是适应资本主义由国家垄断向国际金融资本垄断的需要的本质，对新自由主义全盘接受，导致了一系列的恶果。

新自由主义在经过长达40年的沉寂之后，于20世纪70年代末80年代初，伴着撒切尔夫人和里根在英美两国胜选，以"撒切尔主义"和"里根经济学"的名义出现。英美两国开始推行新自由主义，两国的施政纲领大同小异，主要包括：大规模推行私有化；减少政府对市场的干预；对资本、富人减税让利；推行货币政策，抑制通货膨胀；大幅削减社会福利投入，向中低收入者转嫁危机，等等。很明显，这些政策有利于私人资本特别是金融资本的膨胀和发展。到80年代中期，英美两国先后走出了长达十年的经济"滞胀"危机。于是，新自由主义者们开始欢呼新自由主义的胜利，新自由主义在80年代中期以后一度达到鼎盛时期。实际上，按照马克思主义理论对资本主义经济的分析，资本主义经济发展一般要经历：危机——萧条——复苏——高涨几个阶段，在资本主义经历了长达十年的萧条期后，开始复苏并达到高涨是必然的，但是新自由主义者看不到这一点，就认为是新自由主义理论的胜利。

1990年，由美国国际经济研究所发起，在华盛顿召开了讨论80年代中后期以来拉美经济调整和改革的研讨会，出席会议的有美国财政部等部门的官员、企业界人士、世界银行、国际货币基金组织、美洲开发银行等国际金融机构的代表和部分拉美国家的政府官员，若干高等院校、研究机构的经济学家。

会议达成了以推行新自由主义为主的"华盛顿共识"。尽管"华盛顿共识"从一面世就遭到了来自国际学术界等多方面的批评，90年代的拉美国家还是全盘接受了美国兜售的新自由主义。但是拉美国家并没有如愿地走上美国的繁荣之路，反而在新自由主义实行了十年之后，国家出现了严重的问题，那就是贫富差距越来越大；贫困化现象越来越严重；经济主权不断弱化；社会开始动荡不安。2007年美国爆发了金融危机，随后这场危机像瘟疫一样迅速蔓延至全球，酿成了近百年来最严重的国际金融危机。这场危机使得新自由主义的神话完全破灭，对新自由主义的批评谴责声不绝于耳。

在我国，新自由主义不仅是一种经济思潮，而且是一种政治思潮与社会思潮。该思潮对当代中国的影响主要表现在：鼓吹社会主义意识形态过时论；抨击集体主义，鼓吹个人主义；抨击社会主义公有制，鼓吹私有化；抨击民族主义，鼓吹经济全球化。新自由主义的肆意蔓延消释着主流意识形态的影响力，大力宣传马克思主义，弘扬主流意识形态也是当今社会所必需的。